C.H.BECK WISSEN

in der Beck'schen Reihe

Wolfgang Reinhard, der Autor der preisgekrönten «Geschichte der Staatsgewalt», fasst in diesem Band die Geschichte des modernen Staates knapp und präzise zusammen. Er erklärt, warum der moderne Staat nur in Europa unter besonderen geographischen und ökonomischen Rahmenbedingungen durch das Zusammenwirken des Erbes der Antike und der Kultur junger Völker entstehen konnte. Dann behandelt er die verschiedenen Aspekte der Entwicklung von frühmittelalterlichen Monarchien zu den Machtstaaten des 18. Jahrhunderts: Institutionen, Selbstdarstellung und Diskurse der Monarchie, Lokalherrschaft, Stände- und Steuerwesen, Kirche und Staat, Recht und Justiz, Krieg und Gewalt, Diplomatie und Völkerrecht. Von der Französischen Revolution führt der Weg zum Nationalstaat, zur Demokratie und zum Sozialstaat, aber auch zum Triumph des Kolonialismus und zu den Exzessen des totalen Staates. Schließlich behandelt Reinhard auch den Niedergang des modernen Staates und versucht zum Schluss die Frage zu beantworten, ob der moderne Staat noch eine Zukunft hat.

Wolfgang Reinhard ist emeritierter Professor für Neuere Geschichte in Freiburg. Bei C. H. Beck sind von ihm erschienen «Geschichte der Staatsgewalt» ([3]2002) sowie «Lebensformen Europas» ([2]2006). 2003 erhielt er den Historikerpreis.

Wolfgang Reinhard

GESCHICHTE DES MODERNEN STAATES

Von den Anfängen bis zur Gegenwart

Verlag C. H. Beck

Originalausgabe

Gesamtherstellung: Druckerei C. H. Beck, Nördlingen
Umschlagabbildung: Thomas Hobbes, Leviathan

Umschlagentwurf: Uwe Göbel, München
Printed in Germany
ISBN 978 3 406 53623 6

www.beck.de

Inhalt

I Grundlagen und Grundfragen

1. Was ist ein «Staat»?

Europa hat den Staat erfunden. Diese schlichte Feststellung wirkt provozierend, weil sie in politisch unkorrekter Weise den unbestreitbaren Sachverhalt in Frage zu stellen scheint, dass auch Nicht-Europäer, in vorderster Linie die Chinesen, Gemeinwesen geschaffen haben, die den europäischen in jeder Hinsicht vergleichbar und zeitweise sogar überlegen gewesen sind. Nur – diese Gemeinwesen waren dennoch keine «Staaten» im modernen Sinn; wir wollen sie stattdessen «Reiche» nennen. Sie sind keineswegs zufällig von der Bildfläche verschwunden, um modernen Staaten Platz zu machen.

Denn überall, auch in China und in Ländern, wo man sich in besonders entschiedener Weise zum Islam bekennt, treffen wir heute auf Varianten des modernen Staates, jenes Typs Gemeinwesen, das nun in der Tat die Europäer in über tausend Jahren ihrer Geschichte geschaffen und anschließend in den Rest der Welt «exportiert» haben, so ähnlich wie ihre Wissenschaft und Technologie, ihre Sprachen und ihre Religionen, ihre Wirtschaft und ihre ganze Lebensweise. Dass auch Carl Schmitt den Staat als konkreten, an eine geschichtliche Epoche gebundenen Begriff aufgefasst hat, spricht nicht gegen die Richtigkeit dieser Sicht der Dinge; es spricht nur für den realistischen Scharfsinn von Carl Schmitt.

Das bedeutet aber, dass «Staat» in erster Linie ein historisches Thema ist, auch wenn noch so viele andere Wissenschaften sich damit befassen mögen. Selbst die juristische «Staatslehre», die als normative Rechtswissenschaft besonderes Gewicht beansprucht, auch wenn ihre einstige Vorherrschaft inzwischen von der Politikwissenschaft untergraben wurde, kommt nicht ohne historische Argumentation aus. Denn man kann den Staat der Gegenwart und seine Probleme nicht ohne gründliche Kenntnis seiner Geschichte und Vorgeschichte verstehen.

Den Staat konsequent als geschichtliche Größe zu betrachten, führt aber zu zwei bedeutsamen Schlussfolgerungen. Erstens ist der moderne Staat europäischen Zuschnitts nicht etwa aus Notwendigkeit entstanden, sondern streng kontingent, quasi zufällig. Allerdings nur *quasi* zufällig, weil diese Entstehungsgeschichte zwar nicht geradlinig verlief, aber durchaus Richtung und Tendenz aufweist, ganz einfach deswegen, weil eine einmal ausgelöste Entwicklung nicht ohne weiteres hinter den erreichten Stand zurückfallen kann. Zweitens ist der moderne Staat so gesehen an sich weder gut noch böse, sondern ein moralisch zwar nicht neutrales, wohl aber mehrdeutiges Phänomen.

Beides zu betonen, ist vor allem in Deutschland vonnöten, wo immer noch erhebliche Restbestände einer nahezu religiösen «Andacht zum Staate» wirksam sind. Ohnehin wird in keinem Land der Welt soviel vom «Staat» geredet und geschrieben wie in Deutschland. Anderswo gebraucht man lieber «Regierung», «Nation», «Republik» oder schlicht «la France», «Great Britain» «the United States» usf. Nicht zufällig ist auch die Redeweise vom «Vater Staat» eine ausschließlich deutsche Gepflogenheit.

Paradoxerweise war es ausgerechnet die deutsche Geschichtswissenschaft des 19. Jahrhunderts, die theologisch und philosophisch inspiriert, dem Staat ahistorisch-zeitlose ontologische, bisweilen geradezu metaphysische Qualitäten zugeschrieben hat. Nachdem der Philosoph Georg Wilhelm Friedrich Hegel erklärt hatte, der Staat an und für sich sei das sittliche Ganze, die Verwirklichung der Freiheit und damit das Ziel der Weltgeschichte, erklärte der Gründervater der neueren Geschichte Leopold Ranke die Staaten zu «Gedanken Gottes», denn für ihn stand nichts auf Erden der göttlichen Ordnung so nahe wie die Staatsordnung. Geschichte bestand in der Entfaltung und im Konflikt der in den Staaten verkörperten Ideen. Demgemäß war der Staat ebenso wie die Sprache dem Menschen von Anfang an gegeben. Den Staat als Erfindung zu betrachten erinnerte einen anderen Historiker an Sancho Pansas absurde Rede von der Erfindung des Schlafes. Selbst wo heutzutage etwas realistischer immerhin von «Staatsbildung» die Rede ist, schwingt immer noch das sittliche Programm einer Bildung des Menschen zum Staate mit!

Doch wenn der Staat nicht als anthropologische Notwendigkeit von Anfang an vorhanden war, warum und wie ist er dann entstanden? Als indirekte Konsequenz einer sehr viel einfacheren anthropologischen Notwendigkeit, die tatsächlich stets gegeben ist, nämlich dem Zwang, die Machtbeziehungen zwischen den nun einmal von Natur immer ungleichen Menschen in Gruppen aller Art zu regeln.

Macht als die Chance, den eigenen Willen gegen einen anderen durchzusetzen, mag theoretisch nichts als ein wertneutrales Kommunikationsphänomen sein, eine Größe, die durch Zuschreibung entsteht. Für die Praxis hat uns aber nicht erst der desillusionierte Preußen-Historiker Otto Hintze gelehrt, «dass alle Macht [...] in der Regel missbraucht wird». Denn wer Macht hat, neigt dazu, sie weiter zu steigern, und sei es nur, um sich durch überlegene Macht gegen andere Machthaber abzusichern. Hat dieses Streben Erfolg und findet Akzeptanz, dann gerinnt Macht zu Herrschaft, das heißt, sie gebiert eine politische Institution. Damit beginnt der lange Weg zum organisierten Gemeinwesen und unter besonderen Bedingungen auch zum modernen Staat. Denn dieser ist seinem Wesen nach Machtstaat, das heißt die machtvollste Art Gemeinwesen, die Menschen geschaffen haben.

Die Akzeptanz mag darauf zurückzuführen sein, dass Herrschaft den Betroffenen als nützlich erscheint, oder auf ihre Furcht vor der Gewalt der Machthaber. Meistens dürfte beides im Spiel gewesen sein, denn Herrschaft im Allgemeinen und die Gründung von Staaten im Besonderen waren lange Zeit überaus gewalttätig. Machthaber gaben zwar vor, ihre Untertanen vor der Gewalt von Dritten zu schützen, aber dabei handelte es sich oft um Gewalt, die sie selbst durch ihre Rivalität untereinander erzeugt hatten. Denn die Grundlagen der Staaten wurden in Kriegen gelegt.

Unter diesen Umständen ist es angebracht, die Macher von Krieg und Staat als selbstsüchtige und gewalttätige Manager der Macht zu betrachten, die freilich nie im Sinn hatten, einen oder gar *den* modernen Staat zu gründen. Aber ihre Politik des Machtgewinns lief langfristig aus den genannten Gründen oft genug darauf hinaus. Diese Sicht der Dinge ist erheblich wirklichkeitsnäher als die Versuche, den Staat auf einen fiktiven Gesellschaftsvertrag, auf den Wertekonsens einer Gesellschaft oder auf Angebot und Nachfrage eines freien Machtmarkts zurückzuführen.

Damit soll nicht bestritten werden, dass nackter Machtwille allein selten Erfolg hat, sondern in der Regel der Legitimation durch politische Ideen und das Recht bedarf. Es wird nicht einmal behauptet, dass die Machthaber dergleichen nur zynisch zur Täuschung ihrer Untertanen instrumentalisiert hätten. Im Gegenteil, oft genug haben sie selbst daran geglaubt. Es wird nur festgestellt, dass die Dynamik politischen Wachstums daraus nicht zu erklären ist und ihre Legitimation insofern eine sekundäre Rolle spielt.

Allerdings ist das Werk von Reichsgründern nach deren Tod rasch zusammengebrochen, wenn ein Fortsetzer fehlte. Kontinuität effizienten Machtwillens war die wichtigste Voraussetzung für die Entstehung moderner Staaten. Der «Königsweg» dazu war im doppelten Sinn des Wortes eine Abfolge tüchtiger Herrscher, eine kompetente Dynastie wie in Preußen 1640–1786. Die Gegenprobe sticht ebenfalls: Dynastische Krisen pflegten Staatskrisen auszulösen.

Doch mit dynastischer Kontinuität allein war es nicht getan. Genau so wichtig waren Machteliten, die aus eigenem Interesse die Selbstbehauptung und das weitere Wachstum der zentralen Herrschaft über das Gemeinwesen auf Dauer zu ihrer Sache machten und gegenüber den Untertanen durchsetzen halfen. Der Wahlmonarchie des Papsttums hat eine derartige Elitenkontinuität sogar zu mehr Stabilität verholfen als manchem Erbkönigtum.

Das Zusammenspiel von Dynastien und Machteliten in Europa auf der politischen Mikroebene scheint im weltweiten Vergleich nichts Besonderes zu sein. Genauer besehen weist es aber bereits Besonderheiten auf wie die Primogeniturerbfolge oder die Rollen von Adel, Klerus und bürgerlichen Juristen. Aus der Perspektive der politischen Makroebene sind diese auf die besondere politische Kultur Europas zurückzuführen, die durch die Verbindung des antiken und des christlichen Erbes mit demjenigen der «jungen» Völker des Nordens und Ostens zustande kam. Die Vermittlerrolle der römischen Kirche kann in diesem Zusammenhang gar nicht überschätzt werden.

Nicht nur, aber auch wegen der elementaren geographischen Vielgliedrigkeit Europas war diese politische Welt auf einer mittleren Ebene (Mesoebene) von vornherein pluralistisch angelegt. Das heißt, das politische Wachstum der zukünftigen Staaten wurde durch die Rivalität konkurrierender «Staatsgründer» vorangetrieben, konkret durch häufige Kriege. Deren steigende Kosten machten aber gesteigerte Ressourcenabschöpfung erforderlich, was wiederum zu weiterer Zunahme der Kontrolle durch die Zentralgewalt führte. Dieser *Coercion-Extraction-Cycle* (Samuel Finer) ist wohl die wichtigste Triebkraft der Entstehung des modernen Staates. Denn als Machtstaat ist der moderne Staat seinem Ursprung nach Kriegsstaat.

Auf diese Weise entstand zunächst, von oben gesehen, ein Satz von Institutionen mit der Funktion, Entscheidungen zu treffen und das Beschlossene durchzuführen sowie soziale Kontrolle auszuüben, von unten gesehen, ein koordiniertes und territorial begrenztes Netzwerk von Agenten zur Ausübung politischer Macht (Michael Braddick). Gemeinwesen lassen sich nicht einfach auf *eine* Institution reduzieren wie z. B. ihre Regierung. Sie beruhen auf einem komplexen Gefüge von Institutionen, dessen Funktionieren aber zusätzliche mentale Dispositionen voraussetzt, die wir politische Kultur nennen. Das heißt aber, in seinen Institutionen ist ein Gemeinwesen nicht vollständig zu fassen. Es kann durchaus in Auflösung begriffen sein, während seine Institutionen unverändert weiter bestehen.

Dieser Stand der Dinge, dessen Beschreibung weltweit für die meisten Gemeinwesen der Geschichte zutreffen dürfte, war im lateinischen Europa im Mittelalter erreicht. Damit war der oben genannte spezifische politische Wachstumsprozess aber nicht beendet, im Gegenteil, er nahm an Intensität und Geschwindigkeit weiter zu. Im Ergebnis war bis zum 19. Jahrhundert in verschiedenen nationalen Varianten ein spezifisch europäischer Satz von Institutionen entstanden, den wir moderner Staat nennen. Er war inzwischen selbstreferentiell, d. h. er war in der Lage, sich selbst zu legitimieren, und war zum Zweck seiner selbst geworden. Dieser moderne Staat beansprucht nach Georg Jellinek und Max Weber fünf wesentliche Eigenschaften, die ihn vor allem durch ihre Verbindung grundsätzlich von anderen, vormodernen Gemeinwesen unterscheiden:

1. ein einheitliches *Staatsgebiet* als ausschließlichen Herrschaftsbereich – vormoderne Gemeinwesen bestanden häufig aus Gebieten mit unterschiedlichem Status und kannten sich überschneidende Herrschaftsansprüche. Daher fehlten ihnen eindeutige lineare Außengrenzen.

2. ein einheitliches *Staatsvolk* als sesshafter Personenverband mit dauernder Mitgliedschaft – Nomaden können keinen modernen Staat bilden. Außerdem waren vormoderne Gemeinwesen in der Regel nicht nur vertikal, sondern auch horizontal in Schichten und Gruppen gegliedert, die im Verhältnis zur Zentralgewalt einen unterschiedlichen Status besaßen und oft genug in verschiedenen Sprachen redeten.

3. eine einheitliche *Staatsgewalt* im Besitz der *Souveränität* – vormoderne Gemeinwesen kannten häufig Herrschaftsträger aus eigenem Recht, die ihre Befugnisse unabhängig von der Zentralgewalt beanspruchten, während im modernen Staat lokale Amtsträger nichts als Beauftragte und Teilhaber einer bei aller Differenzierung im Prinzip einheitlichen Staatsgewalt sind. Das gilt auch für Bundesstaaten.

Das gemeinsame Prinzip der *Einheitlichkeit* stellt nachweislich den Inbegriff politischer Modernität dar. Der Wille zur Einheit und Einheitlichkeit gilt geradezu als mentale Obsession der westlichen Moderne. Politische Pluralität kennzeichnet demgegenüber nicht nur vormoderne, sondern auch postmoderne politische Verhältnisse, ein Problem, auf das wir noch zurückkommen müssen.

Souveränität der Staatsgewalt will heißen, dass sie innerhalb wie außerhalb ihres Gemeinwesens nichts und niemand über sich anerkennt. Das bedeutet konkret:

4. das *Monopol der legitimen Anwendung physischer Gewalt nach innen*, die von Justiz und Verwaltung geregelt und von der Polizei ausgeübt wird,

5. das *Monopol der legitimen Anwendung physischer Gewalt nach außen*, das heißt, das uneingeschränkte Recht, nach Belieben Krieg zu führen, wozu die Streitkräfte der ausschließlichen Kontrolle der Staatsgewalt unterstellt sind.

Unter vormodernen Verhältnissen konnte die Staatsgewalt durch Oberhoheitsansprüche von Papst und Kaiser ebenso eingeschränkt sein wie durch bestimmte Befugnisse von Untertanen. Denn zumindest ein Teil der Untertanen beanspruchte unter besonderen Bedingungen das Recht auf legitime Gewaltanwendung, das gegebenenfalls auch gegen die Zentralgewalt in Anspruch genommen wurde. Die Durchsetzung des allgemeinen Landfriedens brauchte Jahrhunderte. Auf der anderen Seite erlaubten Religion und Sitte in der Theorie Kriegführung nur unter sehr eingeschränkten Voraussetzungen, während in der Praxis die werdende Staatsgewalt keineswegs die einzige Krieg führende Partei war.

Seit den Revolutionen des späten 18. und des 19. Jahrhunderts gewann der moderne europäische Staat noch drei weitere Eigenschaften hinzu, die ihn heute mehr denn je kennzeichnen sollen. Damit war nicht nur institutioneller Wandel, sondern auch ein enormer, fast unbegrenzter Zugewinn an Möglichkeiten zur Ressourcenmobilisierung verbunden:

6. der moderne Staat ist *Rechts- und Verfassungsstaat.* Der Staat hat zwar auch die Verfügung über das Recht monopolisiert, aber damit zugleich das staatliche Handeln im Regelfall an schriftlich festgelegte, nachprüfbare und einklagbare Vorschriften gebunden. Darüber hinaus werden Aufbau und politisches Leben des Staates durch ein Grundgesetz in ähnlicher Weise geregelt und transparent gemacht. Beides wird heute in engem Zusammenhang mit Demokratie gesehen, aber diese Verbindung ist nicht zwingend. Preußen und andere deutsche

Länder waren im 19. Jahrhundert durchaus Rechts- und zum Teil auch Verfassungsstaaten, verdienen aber kaum die Bezeichnung demokratisch.

7. der moderne Staat ist *Nationalstaat.* Zwar hatten schon mittelalterliche Gemeinwesen wie England oder Frankreich nationalen Charakter angenommen. Aber jetzt wurde das seiner nationalen Identität bewusste Volk auf ganz neue Weise zum Inbegriff von Staatlichkeit, während die Staatsgewalt sich zum Vollstrecker eines einheitlichen nationalen Willens stilisierte. Der moderne Einheits- und Einheitlichkeitswahn hat vor allem auf diesem Gebiet bis heute Schreckliches angerichtet.

8. der moderne Staat ist eine *Demokratie,* das heißt, in seiner Verfassung bekennt er sich einerseits zur Volkssouveränität, andererseits zu den Grund- und Menschenrechten und konstituiert seine Staatsgewalt durch allgemeine und gleiche, freie und geheime Wahlen als parlamentarisches Regime. Auch quasi-monarchische Präsidialsysteme wie Frankreich und die USA haben zumindest eine sehr starke parlamentarische Komponente.

Von den 191 Gemeinwesen, die das Völkerrecht 1999 anerkannte, waren 190 formal moderne demokratische National- und Verfassungsstaaten. Dass die Wirklichkeit oft ganz anders aussieht, steht auf einem anderen Blatt.

2. Staaten, Reiche, Republiken

Auch wenn es bei dieser heutigen Lage der Dinge sinnvoll erscheint, den Staatsbegriff für den modernen Staat zu reservieren und unsere Untersuchung auf ihn und seine Entstehung zu konzentrieren, so ist es dennoch notwendig, wenigstens einen Blick auf andere Typen von Gemeinwesen zu werfen. Denn erstens geht der Aufstieg des modernen Staates von ihnen aus, so dass wir sie kennen müssen, um ihm gerecht zu werden. Zweitens verkörpern sie mögliche Alternativen der Organisation von Macht und Herrschaft, die zwar dem modernen Staat zum Opfer gefallen sind, aber in seiner Geschichte hochbedeutsame Spuren hinterlassen haben und möglicherweise heute im Zeichen des Niedergangs des modernen Staates neue Aktualität gewinnen.

Unter dem Oberbegriff *Gemeinwesen,* der wie das lateinische *Res publica* in allgemeinster Verwendung nicht mehr bezeichnen soll als jede Art organisierter Herrschaft ohne Rücksicht auf die Art dieser Organisation, unterscheide ich neben dem werdenden und vollendeten modernen Staat grob vereinfacht zwei Haupttypen, nämlich *Reiche* und *Republiken.* Das ist die klassische Unterscheidung der Vormoderne. Machiavelli schreibt von *Fürstenherrschaften* und *Republiken,* aber auch schon Homer von *Monokratie* und *Polykratie.*

Primordiale Gruppen von höchstens einigen hundert Menschen, vermutlich die ursprüngliche politische Organisationsform der Menschheit, akephale Gemeinschaften ohne ausdrückliche Herrschaftsorganisation, Häuptlingschaften und Verbände von solchen sind allerdings ebenfalls von Bedeutung. Denn die beiden Grundmuster lokaler Herrschaftsorganisation im vormodernen Europa, adelige Herrschaft und Kommune, lassen sich unschwer als Varianten solcher Formen verstehen. Außerdem gibt es gleitende Übergänge von solchen einfachen Gemeinwesen zu komplexeren Reichen und Republiken.

Stadtfürstentümer wie im antiken Vorderasien, in Griechenland und Etrurien, konnten ebenso den Kern eines Reiches bilden wie Stammesfürstentümer von der Art der spätantiken Völkerwanderungszeit.

Größere Reiche der Geschichte wurden auf der Grundlage einer Landwirtschaft errichtet, die hinreichend Überschüsse produzierte, um Personal zu unterhalten, das nicht in dieser Produktion tätig war. Diese Überschüsse konnten als Fronarbeit der Bauern, als Tribute in Lebensmitteln und anderen Gütern, etwa Textilien, und als Steuerleistungen in Geld abgeschöpft werden.

Die Nutznießer waren meistens in Städten konzentriert, das heißt in großen Siedlungen mit einer gemischten Bevölkerung, die nicht mehr im wörtlichen Sinne dem Broterwerb nachging. In erster Linie handelte es sich um den Herrscher, dessen Familie, Diener, Amtsträger und Soldaten sowie die Priesterschaft. Bisweilen waren Herrscher und Oberpriester identisch. Dazu kamen spezialisierte Handwerker, nicht zuletzt auch für Luxusartikel, und Kaufleute für die Befriedigung der Bedürfnisse der Elite und der übrigen Stadtbewohner. Die Herrschaftsfunktion der Städte kam in ihrer baulichen Gestalt zum Ausdruck, in eindrucksvollen Palästen und Kultstätten, in Vorratshäusern und Märkten. Außerdem waren sie befestigt zur Sicherung der Herrschaft gegen äußere oder innere Bedrohung.

Die Tätigkeit von Handwerkern und Kaufleuten führte dazu, dass sich neben dem herrschaftlichen Redistributionssystem eine Art von Marktwirtschaft entwickelte, die den Beteiligten mehr Vorteile versprach und infolgedessen zunächst eine Schwächung der politischen Kontrolle über die Wirtschaft zur Folge hatte. Längerfristig war die Entwicklung einer Markt- und Geldwirtschaft aber durchaus geeignet, zum Wachstum zukünftiger Staatsgewalten beizutragen. Erstens ließ sich der Handel ebenso leicht besteuern wie die landwirtschaftliche Produktion. Zweitens wurden auf diese Weise private Geldvermögen angehäuft, die von kurzsichtigen Herrschern enteignet, von weitsichtigen als Kredit für ihren überaus kostspieligen politischen Aufstieg herangezogen wurden, vor allem zur Finanzierung von Kriegen. Insofern bestand in Europa ein zwingender Zusammenhang zwischen der Ausbildung von Frühformen des Kapitalismus und dem Aufstieg des modernen Staates.

Das heißt aber, die einfache Dichotomie eines Redistributionssystems aus Tributleistenden und Tributempfängern trifft in den wenigsten Fällen zu, sondern die Reichsbevölkerung erweist sich als kompliziert differenziert. Soziale und politische Ungleichheit und Uneinheitlichkeit ist geradezu ihr Wesensmerkmal. Auf der einen Seite getrennte und intern verschieden geschichtete dynastische, administrative, militärische und religiöse Eliten, auf der anderen getrennte Bevölkerungsgruppen mit Zuständigkeit für Gütererzeugung, Güterverarbeitung und Güterverteilung, die in sich ebenfalls geschichtet und gegliedert waren, auf elementarste Weise in Freie und Unfreie, in jedem Fall aber in Männer und Frauen.

Vermutlich hat Reichsbildung auf die Dauer aus zwei Gründen zu einer relativen Verschlechterung der Stellung der Frauen geführt. Erstens beruhte Reichsbildung weitgehend auf Kriegführung, Kriegführung aber war traditionell Männersache. Zweitens reduzierte übergeordnete Herrschaft die bis dahin ausschlaggebende Bedeutung der Familien und Familienverbände, an denen die Frauen einen stärkeren Rückhalt gehabt hatten.

In diesem Kontext ist von Interesse, welche Rolle männliche bzw. weibliche Gottheiten sowie Priester bzw. Priesterinnen im Reichskult spielten. Denn zu Reichen gehörte in der Regel ein Reichskult mit Gottheiten, von deren Wohlwollen Herrscher und Reich abhängig waren. Das Vorhandensein eines solchen Reichskults übermenschlicher Wesen ist sogar ein wesentliches Merkmal zur Unterscheidung hoch entwickelter Reiche wie des chinesischen vom modernen Staat, der im Zuge seines Aufstiegs immer säkularer wurde und sich von jenseitigen Instanzen unabhängig machte.

Priester und Administratoren waren in erster Linie zuständig für ein wichtiges Herrschaftsinstrument ausgedehnter Reiche, nämlich die Schrift, die in ihren verschiedenen Formen zur Buchführung ebenso wie für religiöse und politische Zwecke genutzt wurde. Auch das Inka-Reich, das keine Schrift kannte, musste wenigstens ein Instrument zum Festhalten von Quantitäten entwickeln.

Denn ein elementares Problem größerer Reiche war die Kontrolle des Raumes unter vormodernen Kommunikations- und Verkehrsbedingungen. Dazu kommt, dass die Kontrolle der Zentrale meist nicht sehr intensiv war. Denn sie konnte sich zahlreiche lokale Administratoren nicht leisten und setzte stattdessen auf Zusammenarbeit mit örtlicher Selbstverwaltung. Wenn diese Zusammenarbeit verweigert wurde, blieb keine Wahl, als Militär einzusetzen.

Unter solchen Umständen kam es in der Regel nicht zu einer Homogenisierung von Territorium und Bevölkerung, wie sie den modernen Staat kennzeichnet. Vormoderne Reiche waren fast immer «zusammengesetzte» Gebilde aus Ländern von unterschiedlichem Status, die auf unterschiedliche Weise zu einem Ganzen verklammert waren. Ethnische und sprachliche Unterschiede wurden hingenommen, solange Ruhe herrschte und die

Steuern eingingen. Das war allerdings durchaus mit der Hegemonie einer Region, Ethnie und Sprache im Gesamtverband vereinbar. England spielte diese Rolle in Großbritannien, die Ile de France in Frankreich, Kastilien in Spanien. In Gestalt von Österreich-Ungarn hat ein solches zusammengesetztes Reich bis 1918 überlebt.

Reichsbildung scheint aber nicht nur ein Problem des Raums, sondern auch der Zeit zu sein. Wenn man beobachtet, wie zur Zeit des europäischen Spätmittelalters vielerorts in Asien, Afrika und Amerika Reichsbildung einsetzte, ohne dass zwischen den meisten dieser Reiche ein Zusammenhang irgendwelcher Art bestanden hätte, liegt die Vermutung nahe, es habe ein kritisches Niveau der Entwicklung von Bevölkerungszahl, wirtschaftlicher Produktivität und kultureller Errungenschaften, etwa solchen der Bewaffnung, gegeben, auf dem Reichsbildung einsetzte.

Möglicherweise waren auch Republiken von dieser politischen Konjunktur betroffen. Denn immer wieder traten neben hierarchisch organisierten Monarchien auch oligarchisch oder demokratisch verfasste städtische Republiken als Reichsgründer auf. Wie anderswo ein Fürst, so herrschte in diesen Fällen eine Stadt, gewissermaßen als kollektiver Fürst, über die Untertanen. Der berühmteste und folgenreichste Fall ist natürlich das Imperium Romanum. Doch wäre auch die Herrschaft von Florenz über die Toskana, von Venedig über die Terra ferma und sein Kolonialreich, von Mailand über die Lombardei zu nennen und die Territorialherrschaft nordalpiner Städte wie Zürich und Bern, Nürnberg und Rotenburg, die flandrischen Städte und Nowgorod.

Bis heute ist die einzig mögliche allgemeinverbindliche Definition von «Republik» die Abwesenheit von Monarchie. Ob diese Freiheit *von* Alleinherrschaft auch Freiheit *zu* allgemeiner politischer Partizipation bedeutet, ist damit noch nicht ausgemacht. Im Gegenteil, in der Vormoderne scheinen oligarchische Regimes weit häufiger gewesen zu sein, vermutlich dank der «Abkömmlichkeit» der Oligarchen, die es sich im Gegensatz zur Mehrheit ihrer Mitbürger leisten konnten, Politik zu machen statt ihrem Broterwerb nachzugehen. Auch für die Demokratie Athens war reichlich bemessene Freizeit der Bürger die Voraussetzung.

Nicht nur in der Schweiz hat es im vormodernen Europa Bauernrepubliken gegeben. Überwiegend handelte es sich allerdings um Städte, von den Poleis des klassischen Griechenland über Rom und seine Rivalinnen bis zu den Städten des europäischen Mittelalters und der frühen Neuzeit, die schließlich vom modernen Staat unterworfen wurden. Meistens wird dabei von «Stadtstaaten» gesprochen, ein Ausdruck, den ich durch «(vormoderne) Stadtrepublik» ersetzen möchte. Denn erstens handelt es sich im Sinne unserer exakten Definition nicht um Staaten, zweitens sind diese Republiken die wichtigste Alternative zum modernen Staat gewesen und deshalb nicht zufällig von ihm unterworfen und entmündigt worden.

Ihr wesentliches Merkmal war mehr oder weniger weit reichende politische Autonomie auf der Basis mehr oder weniger weit reichender wirtschaftlicher Autarkie. Es konnte sich um volle «Souveränität» handeln wie bei Athen, Rom und Venedig, oder um innere Selbstverwaltung im Rahmen eines Reiches wie bei den Städten des Imperium Romanum und den Reichsstädten Deutschlands. Städte gab es zwar überall auf der Welt. Aber nach allem, was wir wissen, waren sie überall sehr viel stärker in Reiche integriert. Stadtrepublikanische Autonomie antiken, mittelalterlichen und frühneuzeitlichen Zuschnitts stellte eine folgenreiche Besonderheit dar, folgenreich vor allem für den modernen europäischen Staat.

Denn in ihnen, vor allem den antiken *Poleis*, wurde im Wortsinn die «Politik» erfunden, Politik, die in der Mitbestimmung des Bürgers über alles, was ihn betrifft, besteht, und die von Amtsträgern durchgeführt wird, die ihr Amt im Auftrag ihrer Mitbürger ausüben und diesen Rechenschaft schuldig sind, statt ihre Stellung, wie sonst üblich, als nutzbares Eigentum erblichen oder sogar göttlichen Rechts zu bekleiden. Das war allerdings nur in einem überschaubaren Gemeinwesen wie einer Stadt möglich, die sich noch nicht allzu weit von einer *face-to-face-society* entfernt hatte. Platos Idealstaat sollte nicht mehr als 5040 Vollbürger haben.

Heute, wo Politik in erster Linie auf das Management der politischen Großorganisation «Staat» hinausläuft, kommt viel darauf an, sich zu erinnern, dass diese Kunst nicht nur auf die Regierung von Reichen zurückgeht, sondern auch wesentliche Elemente stadtrepublikanischer Politik in sich aufgenommen hat. Dazu gehört allerdings auch der erwähnte Beitrag des städtischen Kapitals zum Wachstum der werdenden Staatsgewalt ebenso wie die für Stadtrepubliken typische hohe Regelungsdichte des Alltagslebens, die der moderne Staat übernommen und perfektioniert hat.

3. Staat und Gesellschaft

Die vielfältigen Beziehungen und Interaktionen zwischen den Individuen und Gruppen, die «Gesellschaft» ausmachen, lassen sich heutzutage nach Sektoren sortieren. Es gibt private, wirtschaftliche, politische, religiöse und andere soziale Institutionen und Interaktionsfelder. Unter vormodernen Verhältnissen, die in dieser Hinsicht weniger komplex waren, war das weder nötig noch üblich. Die elementare Tatsache, dass Menschen organisiert waren, galt bereits als politischer Befund, die Formel vom Menschen als *soziales* Wesen bedeutete im Grunde *politisches* Wesen. Gesellschaft und Gemeinwesen waren identisch, nach der Formel *Societas civilis sive Res publica.* Im lateinischen Europa war obendrein auch die Kirche weitgehend mit Gemeinwesen und Gesellschaft deckungsgleich; politische und kirchliche Würdenträger wurden zwar im Prinzip unterschieden, waren aber in der Praxis oft genug ebenfalls identisch. Familie, Haushalt und Pfarrgemeinde waren nicht nur die elementaren Bausteine der Gesellschaft, sondern ebenso auch diejenigen des Gemeinwesens.

Zunehmende soziale Komplexität führte im Lauf der frühen Neuzeit zur Ausdifferenzierung selbständiger sozialer Felder im heutigen Sinn. Dabei dürfte der Ausbildung des bürgerlichen Besitzindividualismus eine Schlüsselrolle zugefallen sein. Der Philosoph Georg Wilhelm Friedrich Hegel brachte den Sachverhalt 1821 auf den Begriff. Er unterschied die bürgerliche Gesellschaft als Feld, auf dem die Individuen ihren privaten, in erster Linie wirtschaftlichen Interessen nachgingen, vom Staat, der im Gegensatz dazu unparteiisch das Gemeinwohl wahrzunehmen hatte. Dieser über Interessengegensätze erhabene neutrale Staat verkörperte sich im Beamtentum, der öffentlichen oder Staatsklasse. Hegel verbindet also treffende Analyse mit einem guten Teil der bereits angesprochenen deutschen Staatsfrömmigkeit.

Karl Marx hat Hegels Unterscheidung beibehalten, aber die Gewichtung umgedreht. Für ihn und seine Nachfolger war der Staat nicht mehr eine autonome neutrale Instanz oberhalb der wirtschaftlichen und sozialen Interessen, sondern im Gegenteil durch und durch von diesen abhängig, will besagen, der bloße Vollzugsausschuss der Interessen der jeweils herrschenden Klasse. Erst das Ende der historischen Klassenkämpfe durch Machtübernahme der Arbeiterschaft werde nach einer Zwischenphase proletarischer Klassenherrschaft schließlich zum Absterben des überflüssig gewordenen Staates führen.

Stattdessen kam gerade im kommunistischen Machtbereich die Tendenz der Inhaber der Staatsgewalt zur Unterdrückung der Autonomie von ihnen unabhängiger gesellschaftlicher Kräfte besonders deutlich zum Ausdruck. Die freiheitliche Reaktion gegen solche Tendenzen führte in der zweiten Hälfte des 20. Jahrhunderts dazu, dass die Politik den Glauben an die Selbstorganisationskräfte der Gesellschaft proklamierte und den Staat auf begrenzte Regulierungsaufgaben zu reduzieren vorgab.

Mit Selbstorganisation der Gesellschaft ist konkret allerdings vor allem uneingeschränkte Marktwirtschaft gemeint. Nicht der Staat, sondern der Ausgleich der Einzelinteressen durch die Marktkräfte soll jetzt das Gemeinwohl zustande bringen. Dieses zunächst vor allem von angelsächsischer Seite verfochtene Modell wurde vom dortigen Politikverständnis begünstigt, das den Staat als bloßes Dienstleistungsorgan der Gesellschaft begreift. Allerdings wird dabei das elementare Freiheitsparadox übersehen, dass uneingeschränkte Freiheit immer dazu führt, dass einzelne Beteiligte die allgemeine Freiheit dazu nutzen, soviel Macht zu akkumulieren, dass von der Freiheit der Übrigen nicht mehr viel übrig bleibt.

Als Reaktion gegen zuviel Marktmacht einerseits, zuviel Staatsmacht andererseits wurde ein neuartiges Verständnis von *Civil Society* entwickelt, die daher im Deutschen zur Unterscheidung von der früheren bürgerlichen Gesellschaft bloßer Wirtschaftssubjekte mit *Zivilgesellschaft* übersetzt wird. Danach gibt es ein gesellschaftliches Drittes neben Wirtschaft und Politik, nämlich von beiden angeblich unabhängige Kommunikation und symbolische Expression, Kultur und Geselligkeit.

Da diese Felder in Wirklichkeit aber längst von Wirtschaft und Staat kontrolliert werden, kommt es darauf an, Organisationsformen zu finden, die diese Kontrolle reduzieren und die Autonomie zivilgesellschaftlicher Aktivitäten institutionell absichern. Als Grundpfeiler gelten dabei erstens eine durch unabhängige Medien gespeiste öffentliche Meinung, zweitens die so genannten Nicht-Regierungsorganisationen (*Non Government Organizations* = *NGOs*). Letztere sollen ohne Gewinnorientierung gesellschaftliche Anliegen vertreten, an denen Wirtschaft und Staat wenig liegt, das heißt insbesondere humanitäre oder umweltpolitische.

4. Staat und Recht

Der moderne Staat ist Rechtsstaat, weil er zu garantieren verspricht, dass politische, soziale und wirtschaftliche Vorgänge nach Recht und Gesetz abgewickelt werden. Das ist aber, wenn überhaupt, nur dadurch möglich, dass der moderne Staat nicht nur das Gewalt-, sondern auch das Rechtsmonopol besitzt. Recht ist daher grundsätzlich Recht des einzelnen Staates. Recht anderer Organisationen ist entweder vom staatlichen abgeleitet wie eine Vereinssatzung oder kann nur kraft staatlicher Anerkennung oder Duldung angewandt werden wie das Recht der Kirchen. Auch das internationale Recht, das in jüngster Zeit die einzelstaatliche Hoheit erheblich zu beschränken scheint, hat seinen Geltungsgrund dennoch nach wie vor in der Ratifizierung durch den Einzelstaat.

Der moderne Staat gibt sich eine Verfassung, die ihn unter anderem an Grund- und Menschenrechte bindet, und erlässt in diesem Rahmen Gesetze, nach denen sich Justiz und Verwaltung zu richten haben. Er bekennt sich damit zu dem bereits von Aristoteles formulierten Prinzip der antiken Stadtrepublik, dass nicht Menschen herrschen sollen, sondern Gesetze.

Aber nicht das vollmundige Programm gibt den Ausschlag, sondern dass auch die alltägliche Staatspraxis *im Recht steht*. Der Alltag staatlicher Herrschaft aber ist bekanntlich die Verwaltung. Der Rechtsstaat wäre dann der *Staat des wohlgeordneten Verwaltungsrechts*, eine Formel, die auf das deutsche Kaiserreich zurückgeht, dem viele Züge des demokratischen Verfassungsstaats abgingen und das dennoch in diesem Sinn als Rechtsstaat gelten darf.

Grundlegend für den in diesem Sinne voll entwickelten Rechtsstaat ist die Justizgewährung einschließlich des verwaltungsgerichtlichen Rechtsschutzes gegen staatliches Handeln wie er in Deutschland von Grundgesetz Art. 19,4 garantiert wird. Der Staat haftet außerdem gegenüber Betroffenen für die Folgen der Maßnahmen seiner Organe. Kompetenzen und Verfahrensregeln der Verwaltung müssen bekannt und transparent sein. Die vom Verwaltungshandeln Betroffenen sind durch Anhörung zu beteiligen. Gesetze wie Verwaltungsentscheidungen müssen präzise sein und Bestand haben; Rückwirkung ist in der Regel auszuschließen. Der Einsatz staatlicher Machtmittel hat den Grundsatz der Verhältnismäßigkeit zu beachten.

Rechtsstaatlichkeit dieser Art wurde seit dem 19. Jahrhundert vor allem vom deutschen Juristen- und Beamtenregiment entwickelt. Sie diente geradezu als Ersatz für demokratische Partizipation der Bürger und könnte aus anderen Gründen auch heutzutage erneut diese Funktion übernehmen. Ihre Verwirklichung setzt zwar das staatliche Gewaltmonopol voraus, braucht aber keinerlei demokratische Legitimation. Sie kann infolgedessen unschwer in ein formal korrektes Unrechtsregime transformiert werden, wie es in Deutschland nach 1933 der Fall war. Denn die Mehrzahl der Juristen und sonstige Beamten war nachweislich ohne weiteres bereit, auch einem Unrechtsregime loyal zu dienen, solange ihr Verhalten rechtlich hinreichend legitimiert wurde.

Die Staatsgewalt und ihre Organe sind bereits unter «normalen» Bedingungen ohne weiteres in der Lage, die eigenen Gesetze durch Nichtanwendung zu unterlaufen oder durch listige Ausführungsbestimmungen zu entschärfen. So wird die jüngst gesetzlich eingeführte Informationsfreiheit des Bürgers durch exzessive Kostenrechnungen unattraktiv gemacht. Darüber hinaus können Gesetze wie Verfassungen jederzeit nach Belieben geändert werden, was in Deutschland in manchen Bereichen so häufig geschieht, dass die Betroffenen den Überblick verlieren, z. B. im Steuerrecht. Auch auf diese Weise bleibt die Kontrolle der überwiegend aus Juristen bestehenden politischen Klasse über den Staat und die Bürger gesichert. *Rule of law and not of men – that means: rule of lawyers and not of men* (John Dewey).

Auch die Grund- und Menschenrechte gelten nur kraft einer in der Verfassung festgehaltenen Selbstbeschränkung der Staatsgewalt. Im Ernstfall könnte nichts und niemand diese daran hindern, die Verfassung aufzuheben oder neben und im Widerspruch zu ihr ein totales oder partielles Unrechtsregime zu errichten. Dafür kann neben dem «Dritten Reich» neuerdings sogar die US-amerikanische Musterdemokratie als Beispiel dienen. Die juristische Fiktion der Volkssouveränität und andere politische Grundsätze stehen dem im Bedarfsfall so wenig im Wege wie das vom deutschen Grundgesetz (Art. 20, 4) verbriefte Widerstandsrecht der Bürger zum Schutz der Verfassung, das seinerzeit ohnehin nur zur Beschwichtigung der Aufregung über die Notstandsgesetze eingeführt wurde.

Entscheidend sind vielmehr immer die Interessen und die reale Macht der Inhaber der Staatsgewalt. Dazu gehört auch, wie sie mit den Erwartungen und politischen Gewohnheiten ihrer Untertanen zu Streich kommen. Denn im Extremfall wären sie nur durch massive Gehorsamsverweigerung der Bürger aufzuhalten, vor allem von Polizei und Militär, was selten vorkommt, weil es der politischen Kultur des modernen Staates widerspricht. Daher wird bei Ausschreitungen der Staatsgewalt inzwischen lieber auf die alternative Möglichkeit einer Intervention von außen zurückgegriffen.

Vom Rechtsstaat heißt es zwar, dass er *zugleich im Recht steht und durch das Recht legitimiert wird* (Gerhard Leibholz). Eigentlich sollten dies die beiden Seiten derselben Sache sein. Aber die historische Erfahrung lehrt, dass sie in beträchtlichem Umfang getrennt verwirklicht oder auch nicht verwirklicht und pervertiert werden können.

Das liegt daran, dass Recht und Staat ursprünglich weder begrifflich noch sachlich so eng zusammengehören, wie es heute der Fall ist und im Anspruch des Rechtsstaats zum Ausdruck gebracht wird. Das ist nicht weiter verwunderlich, denn sie hatten unterschiedliche Ziele. Dem Recht ging es um Gerechtigkeit, dem Staat um Macht. Und es liegt im Wesen der Macht, dass sie leichter das Recht für ihre Zwecke instrumentalisiert als sie ihrerseits vom Recht zu bändigen wäre. Das Gewaltmonopol kann deshalb genauso gut als Bedingung der Möglichkeit eines Unrechtsstaates dienen. Das Gewaltmonopol des modernen europäischen Staates stellt also eine notwendige Bedingung für nicht nur verbale, sondern auch in der Sache erfolgreiche Rechtsstaatlichkeit dar, aber sicher nicht die hinreichende.

Recht war ursprünglich weitgehend identisch mit Religion und Sitte, von denen es sich in einem Differenzierungsprozess ablöste, bei dem es mehr und mehr unter den Einfluss der Politik geriet. Zwar war die Sorge für Friede und Recht die elementare Aufgabe vormoderner Herrschaft, aber die Ausübung von Rechtsprechung bedeutete keine Verfügung über das Recht. Im Gegenteil, das Recht existierte vor der Herrschaft und unabhängig von ihr. Sie wurde an ihm gemessen. Aber im Zuge des Wachstums der Staatsgewalt geriet das Recht immer weiter unter deren Kontrolle. Das heißt, zugespitzt formuliert, es musste nicht mehr altehrwürdiges Recht gefunden werden, sondern es konnte neues Recht gemacht werden.

Dabei ist die Mehrdimensionalität der Rechtsentstehung zu erkennen, die vom heutigen staatlichen Rechtssetzungsmonopol verschleiert wird. Recht ist nämlich immer (1) ein Machtmittel der jeweils Herrschenden, (2) ein Reflex der jeweiligen gesellschaftlichen Verhältnisse, (3) ein Ausdruck der jeweiligen sittlichen Überzeugungen, (4) ein Niederschlag der jeweiligen

Sitten, die von (2) oder (3) abhängig sein können, aber nicht müssen. Das heißt aber, Recht ist zugleich materiell und ideell begründet, zugleich von den Herrschenden auferlegt und von den Beherrschten erzwungen, zugleich rationales Konstrukt von Gesetzgebern und Ausfluss von Gefühlen der Menschen. Zweck ist die Reduktion von Komplexität (Niklas Luhmann). Die Fülle des Lebens wird auf Standardfälle reduziert und damit kontrollierbar gemacht, damit man weiß, woran man ist und was man gegebenenfalls zu erwarten hat.

Sozialer Wandel verlangt allerdings Änderung des Rechts. Speziell die rasante Entwicklungsdynamik heutiger Gesellschaften kann kein an einer angeblich unwandelbaren Natur des Menschen festgemachtes Recht mehr brauchen, sondern ist auf nach Bedarf kurzfristig veränderbares, rein positives Recht angewiesen. Der historisch bereits überholte Gegensatz zwischen kraft seiner Gerechtigkeit unveränderlich geltendem und nach wechselndem Bedarf hergestelltem Recht spiegelt sich aber immer noch in den genannten beiden Seiten des modernen Rechtsstaats.

Denn der historische Erfolg des Rechtsstaats beruht weniger auf der Rechtsdurchsetzung mittels des staatlichen Gewaltmonopols als auf der ursprünglich weitgehenden Unabhängigkeit des Rechts vom Staat, das seine Würde und seinen Anspruch aus anderen Quellen bezog und zeitweise auch sozial abzusichern wusste. Möglicherweise war auch gar nicht die Erzwingungsgewalt des Staates dessen entscheidender Beitrag zur Entstehung von Rechtsstaatlichkeit, sondern seine Rolle als Erzieher der Untertanen im viel berufenen und viel kritisierten Prozess der Sozialdisziplinierung, zu dem freilich gesellschaftliche Kräfte ebenso viel beigetragen haben dürften wie politische.

In Ländern, die eine andere Geschichte gehabt haben als West- und Mitteleuropa, ist es also nicht in erster Linie die Schwäche der staatlichen Zwangsgewalt, die der Rechtsstaatlichkeit im Wege steht, sondern ein anderes Verständnis von Recht und von sozialer Disziplin. Man könnte sogar behaupten, dass die zunehmende Auflösung des Vertrauens in die Gerechtigkeit des Rechts und der Rückgang der gesellschaftlichen Disziplin auch bei uns den Rechtsstaat untergraben, nachdem dieser selbst erheblich zu beiden Auflösungserscheinungen beigetragen hat. Geschichte verläuft bekanntlich nicht selten dialektisch nach dem Prinzip der nicht intendierten Nebenwirkungen, die zu unerwarteten Ergebnissen führen.

5. Theaterstaat und politische Kultur

Fehlende Durchsetzung rechtlicher Regelungen wurde sogar zu einem wesentlichen Merkmal vormoderner Gemeinwesen Europas erklärt. Tatsächlich stößt man in den Quellen auf Widersprüche zwischen rechtlicher Theorie und administrativer oder gerichtlicher Praxis. Solches Verhalten konnte sogar reguliert sein. *Anerkennung, aber kein Vollzug* hieß die Formel im spanischen Imperium, *mit Respekt zu den Akten* in Ungarn. Waren vormoderne Gemeinwesen wie orientalische bloße «Theaterstaaten», in denen es zur Legitimation der Obrigkeit genügte, wenn diese dem Volk das Schauspiel imposanter Prachtentfaltung bot und durch eindrucksvolle Erlasse ihre Sorge um das Gemeinwohl symbolisch demonstrierte, ohne dass anschließend irgendwelche Taten von ihr erwartet wurden? Beschränkte sich die Funktion der Obrigkeit auf Selbstdarstellung auf einer Bühne, die zwar die Welt bedeutete, aber eben nur bedeutete? Die Untertanen genossen die Veranstaltung aufwendiger Festivitäten, hofften in Notlagen aber vergebens auf die Hilfe ihrer Obrigkeit.

Dieses Bild vormoderner politischer Verhältnisse mag übertrieben sein, ist aber keineswegs ganz unzutreffend. Es bedarf allerdings der Korrektur. Erstens sind fehlende Durchsetzung rechtlicher Regelungen und Politik als Schaugeschäft keineswegs Eigenheiten vormoderner und orientalischer Gemeinwesen, sondern auch in modernen Staaten integrierender Bestandteil der Politik. Zwar sind deren Erzwingungsapparate effektiver als jene der Vormoderne, so dass ein Teil der damals ausgebliebenen Rechtsdurchsetzung in der Tat auf diesen Unterschied zurückgeführt werden könnte. Aber gerade deshalb ist das Verhalten moderner Staatsorgane bei Rechtsverletzungen umso auffälliger.

Nur eine Minderheit respektiert z. B. die Geschwindigkeitsbeschränkungen auf Deutschlands Autobahnen, weil allgemein bekannt ist, dass ihre Beachtung aus Rücksicht auf Autofahrer und Autoindustrie nicht konsequent erzwungen wird. Dass sie eigentlich der Verkehrssicherheit dienen sollen, spielt keine Rolle. Denn mit ihrer Einführung haben die Behörden ihre Pflicht bereits getan, d. h. ihre Aufgabe rein symbolisch erledigt. Gelegentliche Kontrollen haben offensichtlich eher den Charakter von Abgabenerhebung als von Erzwingungsmaßnahmen.

Auch angesichts spektakulärer Gewaltverbrechen wird gerne mit medienwirksamem Getöse zur Beruhigung der Wähler die verschärfende Gesetzgebungsmaschine angeworfen, obwohl in den meisten Fällen die Anwendung der vorhandenen Bestimmungen vollauf genügen würde, möglicherweise die betreffenden Verbrechen sogar verhindert hätte.

Politiker, die an der Macht bleiben wollen, müssen eben die Wähler bei Laune halten, obwohl die Wahl selbst nur symbolischen Charakter hat. Aber sie stellt das zentrale Ritual des demokratischen Theaterstaats dar. Denn es geht ja nicht mehr um Sachentscheidungen, sondern nur um die Bestätigung oder das Auswechseln politischer Galionsfiguren, die ihre Legitimation dadurch erhalten, dass die Bürger dieses Ritual vornehmen dürfen. Damit wird symbolisch die Fiktion der Volkssouveränität bekräftigt, auf die moderne Verfassungsstaaten gegründet sind. Auf diese Weise und nicht durch inhaltliche Entscheidungen tragen Wahlen zu dessen Stabilisierung bei.

Das bedeutet zweitens, dass Theaterstaatlichkeit und symbolische Politik sich heutzutage so wenig wie in der Vormoderne in bloßen Ersatzhandlungen und kalkulierter Täuschung der Untertanen erschöpft, sondern einen wesentlichen und wirkungsvollen Bestandteil jeder Politik ausmachen. Man kann zwar nach wie vor sachbezogene von Scheinaktionen unterscheiden, muss sich aber im Lichte der neueren Kulturgeschichte des Politischen im Gegensatz zur älteren Sicht der Dinge darüber im Klaren sein, dass auch der Schein Sache ist.

Neuere Kulturgeschichte hat nichts mehr mit dem älteren bildungsbürgerlichen Begriff von hoher Kultur zu tun, sondern orientiert sich am Kulturbegriff der historischen Anthropologie. Danach beruht Kultur auf der fundamentalen Fähigkeit des Menschen zur Symbolerzeugung und bezeichnet die Gesamtheit der von ihm produzierten Symbole. Die gesamte soziale Welt beruht auf Symbolsystemen, allen voran die Sprache. Symbole im engeren Sinn sind Zeichen, die in verdichteter Form, z. B. als Bilder oder Handlungen, über sich hinaus auf einen größeren Sinnzusammenhang verweisen. Auf diese Weise wird allerdings die gesamte Wissenschaft Kulturwissenschaft und die gesamte Geschichte Kulturgeschichte. Kulturgeschichte hat keinen besonderen Gegenstand mehr, sondern läuft auf eine Perspektive hinaus, die historische Phänomene als Ergebnisse von expliziten oder impliziten Sinnzuschreibungen oder Deutungskonflikten der historischen Akteure betrachtet (Barbara Stollberg-Rilinger).

Die symbolische Herangehensweise an die Geschichte hat aber von vorneherein mit der Schwierigkeit zu kämpfen, dass Symbole potentiell stets mehrdeutig sind und Historiker der Versuchung zur willkürlichen Deutung, die ihnen gerade in den Kram passt, deswegen besonders ausgesetzt sind, weil Symbole wenige oder keine Hinweise für ihre «richtige» Deutung geben. Außerdem ist die totale Reduktion von Kultur und Geschichte auf Symbolik nicht möglich. Es gibt historische Erfahrungen wie Missernten und Seuchen, Nahrungsaufnahme und Ausscheidung, Schmerz und Tod, die sich zwar nachträglich mit symbolischem Sinn aufladen lassen, die aber ursprünglich keine symbolische Bedeutung haben.

Trotz solcher Einschränkungen hat die neue Kulturgeschichte viel zum besseren Verständnis der politischen Geschichte beizutragen. Denn sie bezieht neben sächlichen Herrschaftssymbolen und bildlichen Darstellungen, politischen Metaphern und historischen Mythen auch menschliches Handeln mit ein: Gesten und Zeremonien, Rituale und Feste. Sinngebung kann sich in Handlungen niederschlagen und die Performativität von Handlungen kann Sinn generieren. Krönungen oder Wahlen erweisen sich nicht länger als zur Täuschung des Volkes bestimmte Veranstaltungen, sondern als sinnbeladene performative Akte von hoher integrativer Bedeutung für das Gemeinwesen.

Sie bilden Politik und Macht nicht nur symbolisch ab, sie sind selbst Politik und Macht. Für die französischen Revolutionäre hatten Prozess und Hinrichtung Ludwigs XVI. wenig mit dessen persönlicher Schuld oder Unschuld zu tun. Es ging in erster Linie um den performativen Akt der endgültigen Destruktion des Ancien Régime. Das Königtum wurde gezielt seiner symbolischen Aura entkleidet, der Herrscher zum gewöhnlichen Bürger «degradiert» und durch Prozess und Hinrichtung demonstrativ der Volksgewalt unterworfen.

Legitimität stiftende Verfahren waren in der Vormoderne nicht durch Geschäftsordnung geregelt, sondern durch ein Zeremoniell, das vor allem Rangunterschiede zum Ausdruck brachte, denn Gesellschaft und Politik waren noch nicht getrennt. Statt durch synchrone Abstimmung, bei der alle Stimmen gleich gewichtet werden, und Stimmenmehrheit wurden Entscheidungen durch Umfragen mit dem Ziel der Einmütigkeit getroffen. Angefangen mit dem Ranghöchsten gab einer nach dem anderen offen sein Votum ab, so dass die Rangniederen leicht erkennen konnten, wie der Konsens, der gewohnheitsmäßig fast zwingend erwartet wurde, zu erzielen war.

Die Aufklärung stand allerdings zeremonieller und ritueller Performanz kritisch gegenüber und setzte stattdessen auf die Rationalität transparenter rechtlicher Regelung. Damit war die symbolische Dimension von Politik zwar nicht endgültig zu verdrängen, erhielt aber einen anderen Stellenwert, der wiederum auf ihre Erforschung abfärbte. Symbolisches Handeln wurde durch Aufklärung reflexiv, d. h. es war nicht mehr durch Gewohnheit legitimiert, sondern musste seine Berechtigung rational nachweisen. Dabei geriet es aber rasch in den Verdacht, auf bloße Täuschung hinauszulaufen.

So hat auch die neuere Forschung symbolische Politik zunächst und keineswegs ganz zu Unrecht als Täuschungsmanöver entlarvt (Murray Edelman). Erst die neue Kulturgeschichte lernte wieder, den Eigenwert von Symbolen und Ritualen zu würdigen. Doch hat auch die aufgeklärte Kritik an ihnen ihre Berechtigung gehabt, denn die rationale Transparenz expliziter Regelungen stellt durchaus eine Errungenschaft dar. Es hat gute

Gründe, weshalb symbolische Sinnvermittlung zwar auch in der politischen Kultur der Moderne ihre Rolle spielt, aber doch eine deutlich geringere als in der Vormoderne.

Eine Kulturgeschichte des Politischen führt auch zur Erweiterung des Begriffs «politische Kultur», der an sich älter ist als die neue Kulturgeschichte. Ursprünglich wurden damit Ideen und Werte bezeichnet, die das politische Handeln der Menschen regeln, indem sie ihnen mentale Orientierung vorgeben. Demgegenüber hat die neue Kulturgeschichte unsere Aufmerksamkeit vom Denken auf das Handeln gelenkt. Denn an unreflektierter politischer Praxis ist die Ordnung politischer Kultur ebenfalls abzulesen, oft genug sogar ausschließlich, weil politische Kultur gerade in der Vormoderne häufig weniger reflektiert und weniger in Texten artikuliert wurde als in der Moderne.

Es erscheint daher sinnvoll, anders als bisher von der Praxis auszugehen und politische Kultur zu definieren als regelmäßig zu beobachtendes politisches Verhalten aller Beteiligten. Solche Praxis mag sich zwar bereits vorhandener Texte und Institutionen bedienen, kann sich aber genauso gut erst zu neuen Texten und Institutionen verdichten. Praxis bringt Innovationen zwar durch rationales Kalkül hervor, aber seltener mittels rein theoretischer Entwürfe als kraft Erprobung in der politischen Wirklichkeit. Das gilt auch und vor allem für jene Verfahren und Institutionen, die sich zur Hyperinstitution des modernen Staates verdichtet haben.

II Aufstieg des modernen Staates

1. Warum Europa?

Hinreichende Bedingung für den Aufstieg des modernen Staates war, wie gesagt, eine Vielzahl kontingenter Ereignisse in anderthalb Jahrtausenden. Diese setzten aber notwendige Bedingungen voraus, die nur in Europa gegeben waren.

Bereits der Blick auf die Landkarte lässt eine wesentliche Eigenschaft Europas erkennen, die es von anderen Erdteilen unterscheidet: seine räumliche Untergliederung in verschiedene, relativ kleine Landschaften, die sich in seinem politischen Pluralismus wiederholt. Es ist nie gelungen, ganz Europa auf Dauer zu einem Großreich zu integrieren oder auch nur einer ständigen Hegemonie zu unterwerfen. Bezeichnenderweise gilt derselbe Befund verkleinert für die Balkanhalbinsel, auf der sich demgemäß in der Antike ebenfalls die Pluralität griechischer Kleingemeinwesen durchsetzte, deren dynamische Rivalität wesentliche Bausteine des modernen Staates hervorbrachte.

In Mittel- und Westeuropa führte die Völkerwanderung zu politischem Pluralismus. Neue Königtümer entstanden, aber auch adelige Herrschaft aus eigenem Recht oder durch königliche Verleihung, denn im sich formierenden Adel verschmolzen alte Familien mit neuen Königsdienern und Mitgliedern der römischen Provinzialaristokratie. Herrschaft bezog sich stärker auf persönliche Abhängigkeit («Personenverbandsstaat») als auf territorial definierte Zugehörigkeit («Flächenstaat»). Könige waren dabei durch größere Macht und häufig durch sakrale Legitimation ausgezeichnet. Aber sie waren oft weniger Herren ihrer adeligen Untertanen als bloße Erste unter Gleichen, die als «Staatsgründer» höchstens einen Wettbewerbsvorteil gegenüber hunderten von potentiellen Rivalen hatten. Höchst erfolgreiche Reichs- und Staatsgründer Europas wie die Habsburger oder die Hohenzollern waren von Haus aus gewöhnliche Adelsfamilien und keineswegs charismatische Königshäuser.

Das eigentliche Geheimnis des europäischen Erfolgs war aber die überaus komplexe Art und Weise, wie die politische Kultur der jungen Völker (die sich keineswegs auf die so genannten «Germanen» reduzieren lassen) Verbindungen mit dem kulturellen Erbe des Mittelmeerraums einging, in dem sich altorientalische, griechische, römische, jüdische und christliche Komponenten oft kaum trennen lassen. Doch auch für wesentliche Bausteine der europäischen Kultursynthese ist keine eindeutige Herkunftsbestimmung möglich.

Die autonome Stadtgemeinde Europas, ohne deren Republikanismus, Kapitalismus und soziale Disziplinierung der moderne Staat nicht möglich gewesen wäre, ist keineswegs eine geradlinige Wiederbelebung der antiken Polis. Das hochbedeutsame Erbe der letzteren wurde vermutlich eher literarisch weitergegeben. Parallel zur Entstehung der Städte verläuft in Europa außerdem ein weiterer Prozess der Ausbildung politischer Autonomie, die Entstehung von Landgemeinden, wie sie der Antike unbekannt waren. Dörfer waren keineswegs die ursprüngliche ländliche Siedlungsform, sondern entstanden im Zuge der Bevölkerungszunahme und der Ausbildung der ebenfalls spezifisch europäischen Wirtschaftsform, die Ackerbau und Großviehhaltung wirkungsvoll verknüpfte. Im Rahmen von Adelsherrschaft oder im Gegensatz zu ihr beanspruchten Europas Dörfer ein von Ort zu Ort wechselndes, in manchen Fällen aber beträchtliches Maß an Selbstbestimmung. Dieser so genannte «Kommunalismus» (Peter Blickle) kann durchaus als eine Art von Basisrepublikanismus betrachtet werden. Adelsherrschaft wie städtische und ländliche Kommunalautonomie ermöglichten eine fundamentale Widerspenstigkeit der Europäer gegenüber den Ansprüchen von Reichs- und Staatsgründern, die sich zu gewaltsamem Widerstand steigern konnte und auf diese Weise eine der wichtigsten Wurzeln moderner Demokratie geworden ist.

Ein Grund zum Widerstand war häufig die Verletzung des Eigentumsrechts der Untertanen. Bereits Besteuerung ohne Zustimmung der Betroffenen galt als solche. Denn das Privateigentum mit uneingeschränkter Verfügungsgewalt (*Dominium*) des Römischen Rechts stieß bei den jungen Völkern auf verwandte Rechtsvorstellungen, so dass es von den meisten Juristen als unanfechtbarer Bestandteil des Naturrechts betrachtet wurde. Der Philosoph John Locke sollte schließlich den Menschen schlechthin als Eigentümer definieren, als Eigentümer seiner Person, als Inhaber seiner Rechte und erst danach als Eigentümer seiner Güter und des durch seine Arbeit dazu Erworbenen. Die Bedeutung dieses weltgeschichtlich einmaligen Eigentumsrechts für Politik und Wirtschaft Europas kann gar nicht überschätzt werden.

Das im 11. Jahrhundert vollständig wieder entdeckte Römische Recht stellte eine der wichtigsten Hinterlassenschaften des Imperium Romanum für Europa dar. Es löste erhebliche Schübe der spezifisch europäischen Rechtskultur aus, die direkt oder indirekt von hoher politischer Bedeutung waren. Direkt bewirkte es dank geschickter Auslegung eine Steigerung der monarchischen Gewalt über die volksrechtliche Gewohnheit hinaus. Das betraf zunächst den Kaiser, der ja ohnehin an das Imperium Romanum anknüpfte (*Was dem Kaiser beliebt, hat Gesetzeskraft* und *Der Kaiser ist nicht an das Gesetz gebunden*), dann durch Analogieschluss die übrigen Könige (*Der König ist Kaiser seines Reiches*), schließlich sogar die Stadtrepubliken (*Die Stadt ist sich selbst Kaiser*). Hier liegen die Wurzeln der so genannten «absoluten Monarchie» der Neuzeit, der wichtigsten Schrittmacherin des modernen Staates. Aber auch die Beschränkung des Papsttums durch das Konzil und der Monarchien durch das Ständewesen fand ihre Begründung in der Formel: *was alle angeht, muss von allen bewilligt werden,* die eigentlich aus dem römischen Vormundschaftsrecht stammte.

Weiter hat das Römische Recht den Weg zu der für das moderne politische Leben grundlegenden Rechtsfigur der juristischen Person und damit zur Überwindung eines nur auf persönliche Beziehungen gegründeten Gemeinwesens gebahnt. Es gab zwar einen Unterschied zwischen «öffentlich» und «privat», aber «öffentlich» bezeichnete nur die besondere Rechtssphäre des Königs im Gegensatz zu derjenigen anderer Leute, nicht aber etwas strukturell davon Verschiedenes wie heute. Deshalb konnte es bis weit in die Neuzeit hinein keine Staatsschuld geben, denn es gab keinen Staat als juristische Person, der haften konnte, sondern nur den König persönlich. Nach allerhand Zwischenlösungen, etwa dem Konzept der «Krone» als abstraktes Zwischenglied zwischen König und Reich, wurde schließlich nach römisch-rechtlichen Vorgaben die Vorstellung einer von ihren Mitgliedern unabhängigen, unsterblichen fiktiven Gesamtperson entwickelt.

Schrittmacher war dabei das Interesse der lateinischen Kirche, die auf diese Weise die Unveräußerlichkeit des Kirchengutes sicherte, bevor das Prinzip auf das Krongut angewendet wurde. Die römische Kirche hat sich aber nicht nur in diesem Punkt als Vermittlerin antiker Kultur an Europa erwiesen. Ursprünglich hatte das Christentum Distanz zur Politik und vor allem zum Krieg gehalten, wusste sich aber als Religion des Römischen Reiches dessen politischer Kultur anzupassen. Aus diesem Grund war die Kirchenorganisation «moderner» als diejenige der jungen politischen Gemeinwesen des europäischen Mittelalters, denn das System der Pfarreien, Bistümer, Erzbistümer mit dem Papst an der Spitze hatte ausgesprochen flächenstaatlichen Charakter und das kirchliche Personal pflegte ein institutionelles Amtsverständnis, das den Priester zum ersten Beamten Europas machte (Otto Hintze).

Außerdem baute das Papsttum seinen Anspruch auf Vollgewalt über die Kirche zum Modell einer unbeschränkten Monarchie mit freier Verfügung über menschliches Recht und Gesetz aus. Ein Kirchenrechtslehrer hat im 13. Jahrhundert als erster den Begriff «absolute Gewalt» in den europäischen politischen Diskurs eingeführt. Demgemäß nahmen sich die Monarchen Europas nachweislich den Papst zum Vorbild des Ausbaus ihrer Machtstellung.

Allerdings konnte der Papst seine kaisergleiche Stellung nur in der Westkirche durchsetzen. Und trotz päpstlicher Weltherrschaftsansprüche des Hochmittelalters blieb es im lateinischen Europa bei dem in der Spätantike formulierten Dualismus geistlicher und weltlicher Gewalt, auch wenn die erstere sich zunächst einen höheren Rang sichern konnte. Personenrechtlich wurden Klerus und Laien unterschieden, sachenrechtlich *Spiritualia* und *Temporalia*. Unterscheidung bedeutet aber keine vollständige Trennung. Vielmehr waren beide Sphären im Alltagsleben eng verklammert. Die Monarchen Europas verloren durch diese Trennung keineswegs ihren sakralen Charakter, sondern wussten ein christliches Charisma eigenen Rechts aufrecht zu erhalten, das in der Idee des «Gottesgnadentums» bei deutschen Fürsten bis 1918 weiterleben sollte.

Dieser weltgeschichtlich ebenfalls einzigartige Dualismus von geistlich und weltlich verbunden mit der praktischen Verknüpfung der theoretisch getrennten Sphären bescherte Europa nicht nur den Dauerkonflikt zwischen Kirche und Staat, sondern dem einzelnen Europäer immer wieder einen eigentümlichen ideologischen und praktischen Freiheitsspielraum zwischen den beiden Mächten, obwohl diese an und für sich nicht viel für individuelle Freiheit übrig hatten. Auch die kirchliche Reformation des 16. Jahrhunderts wäre ohne diese Spannung kaum möglich gewesen.

2. Von der Monarchie zum Machtstaat

Monarchie

Der Weg zum modernen Machtstaat führt in Europa in jedem Fall über die Monarchie. Die vormodernen Republiken haben zwar Wesentliches dazu beigetragen, aber dennoch hat keine von ihnen in der Moderne überlebt, mit Ausnahme der Schweiz, die aber streng genommen auch kein moderner Staat geworden ist. Denn sie konserviert viele Elemente vormoderner Politik wie das Gemeindebürgerrecht, die Landsgemeindeverfassung mancher Kantone, das regelmäßige Referendum, den Verzicht auf Machtpolitik usf. Mit dieser Feststellung ist selbstverständlich keine Abwertung verbunden. Die einst machtvolle und überaus fortschrittliche Republik der Vereinigten Niederlande hingegen wurde erst als Königreich der Niederlande zum modernen Staat.

Selbst England als Mutterland des modernen Parlamentarismus und das revolutionäre Frankreich als erste demokratische Republik Europas konnten diese Rollen nur dank ihrer monarchischen Vergangenheit übernehmen. In England wurde zwar 1649 eine revolutionäre Republik errichtet, aber sie existierte nur vier Jahre; die Rückkehr zur Monarchie war nur eine Frage der Zeit.

Das konnte gar nicht anders sein, weil in einer personal organisierten Welt politischer Konkurrenten überzeugend legitimierter dynastischer Einheits- und Kontinuitätswille die besten Durchsetzungschancen besaß. Deshalb bestand im vormodernen Europa auch kein allgegenwärtiger programmatischer Gegensatz von Monarchie und Republik im Sinne von Knechtschaft und Freiheit. Viel sinnvoller und seit alters für die Praxis politischen Widerstands maßgebend war der Gegensatz zwischen einer Monarchie, die Religion, Recht und Eigentum der Untertanen respektierte und den Anspruch erheben konnte, für das Gemeinwohl tätig zu sein, und einer Tyrannis, von der in jeder Hinsicht das Gegenteil galt.

Die Befugnisse eines Monarchen wurden erstmals 1791 in Frankreich von der Verfassung genau festgelegt. Bis dahin waren sie theoretisch unbeschränkt gewesen. Ein König konnte alle Gewalt in Anspruch nehmen, die er für den Schutz von Frieden und Recht benötigte. Die allgemein verbreitete Rede von der «absoluten Gewalt» des Königs, die auch in so «unabsolutistischen» Monarchien wie England und Polen auftauchte, war insofern keine Leerformel, sondern brachte den generellen Sachverhalt angemessen zum Ausdruck, dass die Befugnisse des Herrschers im Rahmen seiner *Prärogative* grundsätzlich unumschränkt waren. Dazu gehörten die große Politik samt Entscheidung über Krieg und Frieden, die Bestellung der Amtsträger, die Rechtsetzungsgewalt einschließlich der Suspendierung von Gesetzen und der Dispens von ihrer Beachtung, dazu eine fast beliebige Ausnahmegewalt, wenn das Gemeinwohl bedroht erschien. Unter Verweis auf solche Notwendigkeit (*Necessitas*) wurde Krieg geführt und erfolgreich Ausweitung fürstlicher Gewalt betrieben.

Einschränkungen ergaben sich aus Machtverhältnissen, wurden aber nicht immer rechtlich festgeschrieben. Kaiser Karl V. konnte 1521 Luthers Lehre zwar kraft eigener Machtvollkommenheit verbieten, aber die Vollstreckung dieses Verbots hing vom guten Willen der Reichsstände ab, weil es keinen kaiserlichen Exekutivapparat gab. Englische Monarchen können noch heute ohne das Parlament Krieg erklären, sind aber seit 1689 für den Unterhalt des dazu erforderlichen Heeres auf Bewilligung des Unterhauses angewiesen. In England und Polen wurden der monarchischen Prärogative zwar Grenzen gesetzt, ausdrücklich aufgehoben wurde sie nur 1648 im Reich, weil der Westfälische Friede dem Kaiser im Gegensatz zum normalen Zustand nicht mehr alle Befugnisse beließ, die ihm nicht ausdrücklich entzogen waren, sondern im Gegenteil nur noch diejenigen, die ihm ausdrücklich zuerkannt wurden. Insofern war das Reich seit 1648 indirekt der erste europäische Verfassungsstaat.

Vor allem in England hatte sich die Auffassung durchgesetzt, dass auch der König dem Recht des Landes unterworfen sei. Aber dieses Recht betraf im Gegensatz zu heute nur wenige Gegenstände. Zwar konnte er nur zusammen mit den Vertretern des Landes als *King-in-Parliament* Gesetze erlassen, die in das Landrecht eingingen (*Statutes*), aber das kam nur selten vor. Wichtiger war die gemeineuropäische Beschränkung der Herrschergewalt durch das göttliche und das natürliche Recht mit seinem Billigkeitsgrundsatz sowie durch Fundamentalgesetze der verschiedenen Länder wie Unveräußerlichkeit der Krondomäne, Konfession des Monarchen, Erbfolge usf.

Die Beachtung all dieser rechtlichen Schranken konnte freilich nicht eingeklagt werden; der in England bis 1947 geltende rechtstechnische Grundsatz *The King Can Do No Wrong* besagte, dass man ihn nicht vor seinen eigenen Gerichten verklagen konnte. Aber sie markierten die Grenzen der tatsächlichen Macht des Herrschers, vor allem gegenüber Freiheit und Eigentum der Untertanen. Ein Fürst, den es nach Überschreitung solcher Grenzen gelüstete, hatte dazu lange Zeit keinen geeigneten Erzwingungsapparat zur Verfügung, denn seine Amtsträger waren ja in dieselbe Ordnung eingebunden. Obendrein provozierte solches Verhalten Widerstand, der sich als Kampf gegen Tyrannei legitimieren konnte, gegebenenfalls bis zur Absetzung oder sogar Hinrichtung eines Königs wie 1649 in England. Üblicher war es allerdings, dem Herrscher als Symbol des Gemeinwesens grundsätzlich gute Absichten zu unterstellen und stattdessen seine Diener, die «Minister» zur Rechenschaft zu ziehen. Vormoderne Ministerverantwortlichkeit war eine lebensgefährliche Angelegenheit!

Unter diesen Umständen musste die Ressourcenextraktion für die Kriege mit den mächtigeren Untertanen ausgehandelt werden. Zu diesem Zweck entstanden häufig auf Initiative der Monarchen Ständeversammlungen zur Beratung und Steuerbewilligung. Obwohl sie eine Wurzel des modernen Parlamentarismus darstellen, standen sie von Haus aus dem Herrscher keineswegs gleichberechtigt gegenüber, bis ins 17. Jahrhundert auch in England und in Polen nicht, sondern waren viel eher eine Einrichtung zur Steigerung von dessen Macht. Auch in England konnte das Parlament ohne den Monarchen überhaupt nichts tun; bis 1642 existierte es nicht einmal ohne ihn.

Häufiger als Ständekämpfe haben dynastische Krisen den Aufstieg des werdenden modernen Machtstaats abgebremst, Nachfolgefragen oder gar das Aussterben des Herrscherhauses. Nicht zuletzt infolge mehrfachen Dynastiewechsels blieb es im Reich, in Nord- und Osteuropa bei der tendenziell schwächeren Wahlmonarchie, während sich in Frankreich eine dynastische Kontinuität von 888/987 bis 1848 konstruieren ließ. Ursprünglich war überall eine Verbindung von Geblüts- und Wahlrecht üblich, der Herrscher musste aus der Königsfamilie stammen, doch wurde nicht immer der Erstgeborene gewählt. Erst allmählich setzte sich dessen Erbrecht durch, noch später die Unteilbarkeit des Landes; in Österreich z. B. erst 1713. In kritischen Momenten konnten Ständevertretungen folgenreiche Zugeständnisse erpressen, schon im Mittelalter neben England auch in Polen und Ungarn, im 18. Jahrhundert als Reaktion auf die «absolute» Monarchie Karls XII. auch in Schweden.

Denn in Schweden existierte 1693–1720 die königliche «Eingewalt» ohne Ständeversammlung und ohne Bindung an Gesetze, nach dem Vorbild Dänemarks, wo ein solches Regime durch Ausspielen der Stände gegeneinander 1660/65 auf Dauer eingerichtet werden konnte. Dies waren die einzigen Fälle «absoluter Monarchie» in Europa. Überall sonst, auch in Frankreich oder in Preußen spielten ständische Gremien weiter eine Rolle, allerdings seit dem 17. Jahrhundert außer in Aragon, England, Polen und Ungarn eine ziemlich bescheidene. Nach der jüngeren Forschung waren Monarchien wie Frankreich und Preußen weniger zentralistisch und stark, als früher angenommen wurde, schwache wie England hingegen zentralistischer und stärker. Da außerdem die Formel von der absoluten Gewalt des Königs überall anzutreffen ist, weil sie sich, wie gesagt, auf dessen Prärogative bezieht, erscheint das historiographische Konstrukt «Absolutismus», ohnehin ein polemischer Neologismus des 19. Jahrhunderts, insgesamt hoffnungslos dekonstruiert, so dass man auf den Begriff verzichten sollte.

Etwas mehr Glück hat der so genannte «aufgeklärte Absolutismus» des 18. Jahrhunderts in Österreich, Preußen, Russland, Spanien, der Toskana und manchen deutschen Fürstentümern. Denn es ist nicht zu bestreiten, dass aufgeklärte Rationalität nicht ohne Erfolg danach strebte, das Gemeinwesen zu einer gut funktionierenden Maschine zu machen, was auf den letzten Schritt zum vorrevolutionären modernen Staat hinauslief. Denn das Glück der Untertanen war das Zwischen-, die Steigerung der Staatsmacht das Endziel. Von der humanitären Beglückung der Untertanen bleibt bei genauem Hinsehen freilich nur die Vereinheitlichung und Humanisierung der Justiz übrig. Ansonsten wurden sie mehr entmündigt als emanzipiert, im Sinne der unausweichlichen «Dialektik der Aufklärung»: Rationalität schafft Macht, Macht aber neue Unterdrückung. Allzu lange sind wir der gekonnten Selbstinszenierung Friedrichs II. von Preußen und Katharinas II. von Russland als «Aufklärer» auf den Leim gegangen.

Formen und Symbole

Beide genannte Monarchen haben außerdem nicht nur imposante Schlösser hinterlassen, sondern sich vor der Geschichte auch die Bezeichnung «der/die Große» gesichert, die auf dem Höhepunkt der europäischen Monarchie im 17./18. Jahrhundert im Gegensatz zu früher und später fast zum Normalbestand des Herrschermythos gehörte, allerdings in der Regel an den Ruhm siegreich bestandener Kriege geknüpft. Ludwig XIV. von Frankreich konnte dieses Prädikat nicht behaupten, als die Zeit seiner spektakulären Siege vorüber war. Nichtsdestoweniger hat ihm seine Inszenierung zu einer Art Gesamtkunstwerk bis heute einen Platz in der Geschichte gesichert, der seine wirkliche Bedeutung übersteigen dürfte. Freilich ist das zu modern gedacht, denn erfolgreiche Selbstdarstellung der Monarchie repräsentierte nicht nur Macht, als erfolgreiche Kommunikation war sie Macht. Im Grunde üben Ludwig XIV. und Friedrich II. bis heute auf diese Weise Macht über uns aus.

Solange die Zentralgewalt von einer konkreten Person statt durch einen abstrakten Staat mit austauschbaren Würdenträgern «verkörpert» wurde, konnte sie leichter publikumswirksam in Szene gesetzt werden. Der Herrscher war Zentralfigur eines elaborierten Hofzeremoniells und eindrucksvoller Rituale von der Krönung über feierliche Einritte in seine Städte bis zu seinem Tod und der Beisetzung im Heiligtum eines dynastischen Grabtempels. Er wurde von der Kunst metaphorisch als Zentralgestirn Sonne präsentiert – Ludwig XIV. war keineswegs der einzige «Sonnenkönig» des 17. Jahrhunderts – oder als Held der antiken oder der christlichen Mythologie, als Herkules, Perseus, Orpheus oder als David, Salomo, St. Georg. In manchen Ländern konnte durch Krönung und Salbung erworbenes Amtscharisma, das ihn in England und Frankreich zur Krankenheilung durch Handauflegung befähigte, durch das dynastische Charisma der Abstammung von einem heiligen Gründerkönig wie Eduard dem Bekenner, Ludwig IX., Stefan, Wenzel, Olaf usf. weiter gesteigert werden.

Der Herrscher als Gesamtkunstwerk war zugleich Focus eines

umfassenderen Gesamtkunstwerks, seines Hofes. Er war Hauptdarsteller eines ununterbrochenen politischen Schauspiels, das im höfischen Fest immer wieder konkrete Verdichtung erfuhr. Bühne war das barocke Schloss, zusammen mit seinem Park ebenfalls ein Gesamtkunstwerk. Während früher Königtum fast immer Reisekönigtum gewesen war, wurden die Monarchen seit dem 16. Jahrhundert «sesshaft». Zwar hatten sich aus bevorzugten Herrscherresidenzen schon im Mittelalter Hauptstädte als Sitz von Zentralbehörden entwickelt wie Paris und London/Westminster. Aber jetzt wurde die stabile Hauptstadt und Residenz zum Regelfall. Neue Residenzen wie Versailles oder der Escorial wurden zwar außerhalb der Hauptstadt, aber in deren Reichweite errichtet.

Gleichzeitig explodierte die Zahl der Höflinge. Der Hof des Herrschers war nicht mehr einer unter vielen Hochadelshöfen, sondern der Hof schlechthin, neben dem kein anderer existieren durfte. Denn nur der König hatte die Mittel zum Unterhalt eines Hofes, der zwischen fünf und 50% der Landeseinnahmen verbrauchte. Da die Höfe dauernd im Blickpunkt standen, konnten sie landes- oder europaweite Maßstäbe für wohlerzogenes Verhalten setzen. Aus «höfischem» Benehmen sollte die bürgerliche Gesellschaft später «höfliches» machen. Lange herrschte die Vorstellung, Ludwig XIV. und andere Monarchen hätten den Adel durch Umverteilung der von ihnen kontrollierten Einnahmen an den Hof gelockt und die potentiellen Konkurrenten ihrer Alleinherrschaft dort in einem goldenen Käfig eingesperrt von der Politik ferngehalten. Heute hingegen wissen wir, dass die Höfe nicht nur als Bühne des vormodernen Theaterstaates alles andere als apolitisch waren. Vor allem spielten sich hier die informellen mikropolitischen Machtkämpfe zwischen den führenden Personen, Familien und Faktionen ab, die geradezu den Inbegriff vormoderner Politik ausmachen.

Diskurse

Unter diesen Umständen stellt der literarische Niederschlag des Hoflebens ebenso wie die Kritik am Hof als Ort der Korruption Beiträge zum vormodernen politischen Diskurs dar. Sie verdanken ihre frühneuzeitliche Verbreitung der Medienrevolution des Buchdrucks, die auch für die Entfaltung der politischen Theorie im engeren Sinn unentbehrlich gewesen ist.

Ursprünglich schien freilich kein Bedarf an Reflexion über Politik zu bestehen. Politische Ideen entwickeln sich ja nicht aus reiner Lust am Denken, sondern zur Klärung politischer Probleme, insbesondere zur Legitimation oder Kritik von Machtverhältnissen. Die unentwickelte europäische Monarchie war aber lange Zeit so selbstverständlich, dass kaum jemand das Bedürfnis verspürte, über sie nachzudenken. Obendrein hätten dazu auch die Begriffe gefehlt, denn politische Theorie arbeitet immer mit dem ideengeschichtlichen Vorrat, der dem Frühmittelalter aber weitgehend abhanden gekommen war. Die Kirche als einziger Ort der Bildung war unangefochtene Herrin der Diskurse, so dass auch der politische ein theologischer Diskurs blieb, soweit nicht symbolischer Ausdruck ohnehin wichtiger war.

Die früheste Monarchietheorie ist Krönungsordines des 10. Jahrhunderts zu entnehmen, die auf biblische Vorstellungen von Königtum zurückgreifen. Später kam wieder die bereits in der Antike vorhandene Gattung der Fürstenspiegel hinzu, Moraltraktate, die von der Vorstellung ausgingen, die beste Politik bestehe in der Ausübung von Tugenden, die dem Herrscher anerzogen werden könnten. Als sich die Monarchien Europas im Hochmittelalter von der Vormundschaft der Kirche zu befreien suchten, fehlte es immer noch an Möglichkeiten zur nicht-kirchlichen theoretischen Begründung weltlicher Herrschaft.

Erst seit der Wiederentdeckung des römischen Rechts, vor allem aber seit der Rezeption der «Politik» des Aristoteles um 1260 wurde ein autonomer politischer Diskurs möglich, auch wenn dieser einstweilen noch von Theologen betrieben werden musste. Thomas von Aquin hat den Begriff «Politikwissenschaft» (*Scientia politica*) erfunden und den Menschen wie Aristoteles als ein von Natur aus politisches Wesen definiert. Damit war das Gemeinwesen nicht länger wie bisher ein Ergebnis des Sündenfalls und zur Korrektur menschlicher Sündhaftigkeit bestimmt, sondern es ging unabhängig vom theologischen Status des Menschen unmittelbar aus dessen Natur hervor. Konkret wurden dazu die drei antiken Verfassungsmodelle Monarchie, Aristokratie, «Politie» («Demokratie» bezeichnete zunächst die Verfallsform der letzteren, die Pöbelherrschaft) wieder in die Diskussion eingeführt.

Im 15./16. Jahrhundert wurde die reine Monarchie als *Dominium regale,* die Republik als *Dominium politicum* bezeichnet, eine Monarchie mit ständischer Beteiligung wie England oder Polen als *Dominium politicum et regale.* Wie in der Antike galt auch in der Frühneuzeit eine Mischverfassung aus Monarchie, Aristokratie und Politie als optimal. Nach dem Modell von Konsuln, Senat und Volksversammlung in der römischen Republik konnten Doge, Senat und Großer Rat in Venedig, King, Lords und Commons in England, König, Reichsrat und Reichstag in Skandinavien, König, Senat und Landbotenstube in Polen, König, obere und untere Tafel des Reichstags in Ungarn in diesem Sinn gedeutet werden, freilich weniger im Hinblick auf breite Partizipation des Volkes als auf Stabilität und Sicherung gegen Tyrannei. Denn in der politischen Umbruchszeit vom späten 15. Jahrhundert bis in die Mitte des siebzehnten, als Europas Monarchien ihre Macht nach innen und außen zu steigern begannen, und nach der Glaubensspaltung religiöse Bürgerkriege hinzukamen, fühlten sich viele Zeitgenossen von Tyrannei bedroht.

Niccolò Machiavelli machte aus dieser Not eine Tugend und legte ein für alle Mal die amoralischen Regeln des politischen Geschäfts offen, nach denen sich richten musste, wer unter instabilen Machtverhältnissen ein Gemeinwesen gründen und erhalten wollte. Sein Buch über Fürstentümer von 1513 ist insofern ein Anti-Fürstenspiegel, als endgültig mit der bisherigen Vorstellung Schluss gemacht wird, sittlich anspruchsvolles Verhalten von Machthabern würde automatisch dem Gemeinwohl dienen und müsste daher zum politischen Erfolg führen. Politik im Sinne Machiavellis ist für christliche Vorstellungen weniger wegen ihrer dubiosen Einzelratschläge zutiefst unmoralisch, sondern wegen ihres revolutionären patriotischen Weltbilds, in dem nicht mehr das sittliche Handeln des Individuums, sondern das Wohl des Vaterlands den höchsten Wert darstellt, dem auch die Religion untergeordnet wird. Wer nach dieser neuen politischen Moral handelte, galt noch im frühen 17. Jahrhundert vielen Zeitgenossen nicht mehr als Christ. «Politiker» war ein Schimpfwort!

Nicht nur darin standen sich die verfeindeten Christen im Zeitalter der Glaubensspaltung viel näher, als lange angenommen wurde. Auch die Kritik monarchischer Machtansprüche und das Widerstandsrecht waren keine Eigentümlichkeit der Calvinisten, sondern kamen auch bei Lutheranern und Katholiken vor, wenn diese sich von der Zentralgewalt bedroht fühlten. Wussten sie dieselbe aber auf ihrer Seite, mauserten sie sich umgehend zu strammen Monarchisten. «Politiker» wie Jean Bodin 1583 freilich sahen das politische Heil in der absoluten Gewalt des Souveräns, die ihre Grenzen, wie gesagt, nur am göttlichen und natürlichen Recht und den Grundgesetzen des Reiches finden sollte. Inbegriff des neu geschaffenen Konzepts «Souveränität», das sich von der «Maiestas» des römischen Volkes und Kaisers herleitete, war die Gesetzgebung.

Von nun an konnte der Staat als Zweck seiner selbst gedacht werden. Er folgte künftig seiner «Staatsräson», im 17. Jahrhundert vor allem «außenpolitisch». Wünschenswertes Wachstum der Staatsgewalt fand jetzt vor allem im Machtkampf zwischen den Gemeinwesen statt. Nach Thomas Hobbes 1651 herrschte hier weiterhin der Naturzustand des Kampfes aller gegen alle, den die Menschen «innenpolitisch» durch vertragliche Unterwerfung unter einen Souverän überwunden hatten. Dessen Souveränität findet aber keine Grenze mehr an den Rechten und dem Eigentum der Untertanen wie bei Bodin. Denn bei Hobbes kommen Gut und Böse, Recht und Unrecht, Mein und Dein ebenso wie die Religion überhaupt erst durch Setzung des Souveräns zustande. Damit ist aber nicht mehr wie dort vom Monarchen, sondern bereits vom Staat mit Gewaltmonopol die Rede.

Es wäre freilich anachronistisch, wie Carl Schmitt und andere moderne Ideologen Hobbes als Propheten des totalen Staates zu verstehen. Erstens bezieht sich der Zwang nur auf die äußerliche Praxis, Hobbes' Staat verlangt Gehorsam, aber keine korrekte Gesinnung. Zweitens bindet für den Rechtspositivisten Hobbes nur, was ausdrücklich gesetzt ist. Er ist sogar der Urheber des rechtsstaatlichen Grundsatzes «keine Strafe ohne Gesetz». Wo der Souverän sich nicht geäußert hat, kann der Untertan tun und lassen, was er will. Drittens ist der Staat noch nicht völlig Selbstzweck, sondern dient der Selbsterhaltung der Bürger. Wenn der Staat seinen Zweck, Sicherheit zu garantieren, nicht mehr erfüllt, erlischt die Gehorsamspflicht der Untertanen, während aktiver Widerstand wie schon bei Bodin nicht rechtens ist.

Hobbes' politische Anthropologie ist von tiefem Pessimismus geprägt, denn sie reagiert wie Bodin auf die europäischen Bürgerkriege. Bei John Locke 1690 hat bereits die Wende zum Optimismus der Aufklärung stattgefunden. Denn seine Theorie der ständisch beschränkten Monarchie englischer Art geht von einem Naturzustand der Freiheit und Gleichheit bei gegenseitigem Wohlwollen aus, in dem der Mensch durch Arbeit bereits Eigentümer wird. Erst zu dessen Sicherung werden Gemeinwesen gegründet. Weil der Mensch als Eigentümer seiner selbst, seiner Rechte und Güter ein vorstaatliches Phänomen ist, hat die Staatsgewalt keinen unmittelbaren Zugriff auf die Privatsphäre, sondern bleibt auf den öffentlichen Sektor beschränkt. Während Herrschaft und Eigentum bisher zwei Seiten derselben Sache *Dominium* gewesen waren, war Eigentum künftig privat und Herrschaft öffentlich.

Zur Sicherung gegen Machtgier unterliegt Herrschaft der Gewaltenteilung. Oberste Gewalt ist die Legislative, die für die anderen die Regeln festsetzt. Vollzogen werden diese von der Exekutive, zu der auch die Gerichte gehören. Für die Außenbeziehungen, wo immer noch der Kampf aller gegen alle gilt, ist die Föderative zuständig, die ebenso wie die Exekutive und die Mitwirkung an der Legislative beim Monarchen liegt. Verletzt dieser das Recht, kann die Legislative zum Widerstand gegen ihn aufrufen, missachtet die Legislative das Gemeinwohl, ist die Stunde der Volkserhebung gekommen, weil die Staatsgewalt sich damit selbst aufgelöst hat. Charles-Louis de Montesquieu hat 1748 diese Gewaltenteilungslehre umgeformt populär gemacht. Er unterscheidet jetzt Legislative, Exekutive und Judikative. Letztere hatte an Bedeutung gewonnen, seit in England 1701 die Richter unabsetzbar geworden waren, allerdings anders als bei Montesquieu und später in den USA noch der Parlamentssouveränität unterworfen blieben. In einem dermaßen rational regulierten Gemeinwesen war es dann möglich, den Herrscher vollständig seines Charismas zu entkleiden und seine Rolle auf ein bloßes Staatsamt zu reduzieren.

Machteliten und zentrale Institutionen

Ursprünglich gab es überhaupt keine Staatsämter, sondern nur Fürstendiener; «Minister» bedeutete «Diener»! Keimzelle des Wachstums der monarchischen Staatsgewalt war der fürstliche Hof, weniger eine Institution als ein groß geratener Haushalt. Im Laufe der Zeit wurden daraus die meisten jener Einrichtungen ausgegliedert, aus denen schließlich der Satz zentraler Institutionen entstand, der den frühen modernen Staat als eine Art von Hyperinstitution ausmachen sollte. Denn die werdende Staatsgewalt wuchs an der Spitze, in der Zentrale, und begann erst im 18./19. Jahrhundert, ihr Land auch auf lokaler Ebene mit Beamten zu durchdringen.

Bereits die ältesten europäischen Königtümer kannten bestimmte Hofämter, die in der einen oder anderen Gestalt mehr oder weniger überall vorkamen: den Seneschall oder Truchsess als Leiter des Haushalts, den Kämmerer, der für die Wohnräume, aber auch für die Finanzen zuständig war, den Mundschenk, den Marschall, dem die Stallungen und die Logistik des Reisekönigtums unterstanden. Dazu kamen der Haushofmeister, der Pfalzgraf, das war der Verwalter und Richter der Königspfalz, der Erzkaplan und der Kanzler. Mit Ausnahme des Mundschenks nahmen sie mit ihren Aufgaben am Hof auch solche für das Reich wahr und erlebten dabei erhebliche Transformationen, die von Land zu Land unterschiedlich ausfallen konnten. Mancherorts gewannen und behielten sie zentrale Funktionen, mancherorts verschwanden sie im Lauf der Zeit und wurden durch neue Behörden ersetzt. An Reichsämtern kamen in Westeuropa der *Connétable, Constable* oder *Condestable* für die Streitkräfte und der Admiral für die Flotte hinzu.

Die Hofkapelle unter dem Erzkaplan war ursprünglich auch ein Reservoir zuverlässiger Kandidaten für die Besetzung der Bistümer des jeweiligen Reiches, verlor aber allmählich an Bedeutung. Weil die Geistlichen ursprünglich als einzige der Schrift und der Schriftsprache Latein mächtig waren, stellten sie längere Zeit auch den Kanzler, der mit seinen Untergebenen für die schriftliche Seite der Herrschaft zuständig war, dabei ging es zunächst um das Ausstellen von Urkunden und die Registerführung. Die Kanzlei entwickelte sich bald getrennt vom Hof zu einer umfangreichen Behörde. Der Kanzler war von der älteren Ämtergeneration wohl am wichtigsten. Nicht zufällig haben nur dieses Amt und die beiden militärischen des Marschalls und des Admirals in gewandelter Gestalt bis heute überlebt.

Allerdings wurden Kanzler und Kanzlei in den meisten Ländern im Lauf der Zeit in die Justiz abgedrängt. In England und Spanien, in Dänemark und manchen deutschen Territorien entwickelte sich die Kanzlei zum Obergericht. In Frankreich wurde der Kanzler nicht nur Chef der Justiz, sondern behielt daneben als Vorsitzender des königlichen Rats beträchtlichen Einfluss auf die Innenpolitik. Er partizipierte als einziger Amtsinhaber an der Sakralität des Königtums, wurde vom König auf Lebenszeit ernannt und konnte nicht abgesetzt, sondern höchstens kaltgestellt werden. Auch unter den deutschen Habsburgern waren die Hofkanzleien der verschiedenen Länder deren oberste Justiz- und Verwaltungsinstanzen, bis der Staatskanzler unter Maria Theresia zum Leiter der Außenpolitik wurde. In Polen und Schweden war die Außenpolitik ebenfalls Aufgabe der Kanzler geblieben. Vom österreichischen, im 19. Jahrhundert dann auch preußischen Staatskanzler leitet sich die Bezeichnung der deutschen Reichs- und Bundeskanzler her.

Nicht nur der Kanzler, sondern auch die übrigen Hof- und Reichsämter waren in der Regel ständige Mitglieder des fürstlichen Rates. Denn die grundlegende politische Fiktion des werdenden europäischen Staates lautete, dass der Herrscher aus dem Rat mit dem Rat seiner Räte Recht sprach und regierte. Nur durch den Rat erfahrener Räte konnten Rechtsbrüche und Willkür vermieden werden. Deswegen stellten die Herrscher seit dem Hochmittelalter immer mehr gelehrte Juristen mit einem regelrechten Arbeitsvertrag als zusätzliche Räte ein.

Wenn wichtige Angelegenheiten wie die militärische oder finanzielle Hilfe der Untertanen anstanden, wurde der Rat zwecks Konsenserzeugung um einen weiteren Kreis prominenter Untertanen erweitert, zunächst nach Belieben des Monarchen. Aus diesem erweiterten Rat gingen zwischen dem 11. und dem 14. Jahrhundert das englische Parlament und andere Ständeversammlungen hervor. Sie unterlagen allmählich genauen Regeln für Zusammensetzung und Verfahren, waren aber damit noch keine Institutionen, sondern einzelne politische Ereignisse. In Deutschland, Nord- und Osteuropa fand diese Entwicklung ohnehin erst im 15. Jahrhundert statt; der erste regelrechte Reichstag trat 1495 in Worms zusammen.

Neben Ständeversammlungen und Kanzleien lösten sich Obergerichte vom Hof ab, die hinfort an Stelle des Herrschers Recht sprachen, *Parlements* und Finanzgerichte in Frankreich, drei Obergerichte in England, *Audiencias y Chancillerias* in Kastilien, das Kammergericht in Deutschland und andere mehr. Dieser Vorgang hängt mit der Professionalisierung der Juristen durch das römische Recht und das englische *Common Law* zusammen. Außerdem wurden in den meisten Ländern zentrale Finanzbehörden, in den größeren auch Wehrbehörden geschaffen, allerdings von höchst unterschiedlichem Charakter.

Der nach der Verselbständigung solcher Zentralinstanzen übrig gebliebene Rest-Rat behielt in vielen Fällen weiter Rechtsprechungsbefugnis, denn der Monarch blieb oberster Richter, der in Frankreich jeden Prozess an sich ziehen konnte. Außerdem war Verwaltung ja ursprünglich nichts anderes als Rechtsprechung; Verwaltungsentscheidungen blieben formal noch lange Entscheidungen von Rechtsfällen. In Westeuropa lässt sich diese Rolle der Ratsgremien so gut beobachten wie bei den deutschen Hofräten, wo der kaiserliche Reichshofrat mit dem Reichskammergericht konkurrierte.

Denn die politischen Geschäfte, vor allem die Außenpolitik, die als vornehmste Domäne des Monarchen galt, wurden einem engeren Gremium vorbehalten, dem Staatsrat in Spanien und den Niederlanden, *Conseil d'en haut* in Frankreich, *Privy Council* in England, Geheimer Rat in den meisten deutschen Ländern.

Außer in Schweden und Polen gehörten die Inhaber der alten Reichsämter diesem neuen Machtzentrum nur ausnahmsweise an. Das gilt sogar für den Kanzler von Frankreich, dem inzwischen die Außenpolitik entglitten war. Denn inzwischen waren die Kanzler und Kanzleien des Urkundenzeitalters politisch in den Hintergrund getreten und von den Staatssekretären und Sekretariaten des Aktenzeitalters abgelöst worden. Statt mit gelegentlichen feierlichen Pergamenturkunden wurde jetzt mit einer Alltagsflut von Papier regiert, die Korrespondenz mit den im Ausland tätigen Diplomaten, die ab dem 16. Jahrhundert aufkamen, eingeschlossen. Staatssekretäre spielten in Spanien und Frankreich eine strategische Rolle im Herrschaftssystem, in England und an der römischen Kurie wurden sie sogar zu Schlüsselfiguren. In Deutschland blieb es allerdings beim informellen, aber bisweilen durchaus bedeutenden Einfluss von Bürogehilfen des Herrschers wie den Kabinettssekretären Friedrichs II. von Preußen.

Hier begnügte man sich offiziell mit einem System von Kollegien, das vom 16. bis zum 18. Jahrhundert europaweit als Inbegriff effizienter Zentralverwaltung galt. Am aufwändigsten war es in Spanien ausgestaltet, wo es unterhalb des Staatsrats länderübergreifende Räte für Sachgebiete sowie solche mit universaler Zuständigkeit für Nebenländer und Kolonien gab. Ein ähnlich umfassendes System wurde an der Römischen Kurie eingeführt. Aber die deutschen Kanzleien, Kammern, Kriegs-

und Kirchenräte waren ebenfalls als Kollegien organisiert. In Preußen wurde 1723 aus zwei Steuerbehörden das General-Ober-Finanz-Kriegs-und-Domänen-Directorium geschaffen, ein kollegiales Innen-, Wirtschafts-, Finanz- und Kriegsministerium, neben dem kleinere Kollegien für Außenpolitik, Justiz und Kirche bestanden. In England hatte die Revolution damit begonnen, die Aufgaben der Reichsämter durch bevollmächtigte Kollegien wahrnehmen zu lassen. Davon überlebten das 1690/1708 eingerichtete Admiralitätskollegium unter dem *First Lord of the Admiralty* und vor allem die *Lords of the Treasury* anstelle des *Lord High Treasurer of England*. Der *First Lord of the Treasury* wurde sogar Premierminister; der Regierungschef führt diesen Titel immer noch, auch wenn er das Amt längst nicht mehr wahrnimmt.

Besetzt waren alle diese Kollegien überwiegend mit juristisch gebildeten Räten. In höheren Rängen handelte es sich um Adelige, entweder mehr oder weniger alten Geburtsadel oder Amtsadel in der ersten oder einer späteren Generation, dessen Angehörige kraft Amtes in den Adel aufgestiegen waren. Vor allem in Frankreich konnte man Ämter und Adel auch kaufen. Formal blieb der Adel der Herrschaftsstand, der in vielen Ländern auch die kirchlichen Führungsstellen besetzte. Aber dieser Adel war zu einem mehr oder weniger großen Teil Dienstadel für die Monarchie geworden. In Dänemark und Russland gehörte im 18. Jahrhundert sogar ausdrücklich zu jedem höheren Amt ein bestimmter Dienstadelsrang.

Ursprünglich waren Hof und Rat der Könige eine Domäne des Adels gewesen, ergänzt um schriftkundige Geistliche. Beide mochten loyal sein, hatten aber in der Regel eine unabhängige Existenzgrundlage außerhalb von Hof und Fürstendienst. Die römisch rechtlich gebildeten Juristen, die seit dem Hochmittelalter im Fürstendienst vordrangen, kamen hingegen überwiegend aus der Oberschicht der Städte. Fürstendienst bedeutete für sie persönliche Aufstiegschancen und solche für ihre Familien. Insofern waren sie viel abhängiger von ihren Herren als adelige oder geistliche Höflinge. Allerdings begannen bald auch Adelige Jura zu studieren und gewannen auf diese Weise bereits verlorene Positionen zurück. Fürstendienst konnte ja auch Aufstieg innerhalb des Adels bedeuten. Seit dem 17. Jahrhundert kamen zwei Drittel der englischen Juristen aus der Gentry. Noch lange nach dem Ende des Ancien Régime wurden politische Schlüsselpositionen mit Adeligen besetzt. Benjamin Disraeli war der erste britische Premierminister, der nicht aus der Nobility oder der Gentry stammte.

Ursprünglich hatte ein Monarch mit Hilfe seiner Räte persönlich zu regieren. Solange seine Aufgaben begrenzt blieben, waren sie auf diese Weise zu bewältigen. Doch mit dem Wachstum der Staatsgewalt und ihres Apparats war dies immer weniger der Fall. Die hochstilisierten Herrscherrollen des ersten Edelmanns des Reichs und einer Symbolfigur zum Vollzug der politischen Riten mit gelegentlichen politischen oder kriegerischen Aktivitäten wurden ergänzt durch die neuen des kontinuierlich leitenden Politikers und obersten Bürokraten. Von Ausnahmen wie Philipp II. von Spanien, Ludwig XIV. von Frankreich und Friedrich II. von Preußen abgesehen waren Europas Monarchen diesen neuen Aufgaben nicht gewachsen. Eine institutionelle Alternative gab es nicht; sie wäre in einem stärker personal als institutionell denkenden Zeitalter auch nicht einfach zu finden gewesen und zudem von vorneherein als bedrohlich für die einzigartige Stellung des Herrschers empfunden worden.

Die zwischen dem 15. und 18. Jahrhundert in den meisten Ländern anzutreffende Zwischenlösung war der Günstling-Premierminister, der allein kraft des persönlichen Vertrauens des Monarchen in dessen Auftrag die gesamten Regierungsgeschäfte führte. Richelieu und Mazarin in Frankreich, Lerma und Olivares in Spanien, Buckingham in England sind die bekanntesten Vertreter der Gattung im 17. Jahrhundert. Der Besitz eines Regierungsamtes war dafür nicht ausschlaggebend. Olivares hatte nur ein Hofamt, aber eines, das ihm jederzeit Zugang zum Monarchen sicherte; darauf kam es an. Entscheidend war die Möglichkeit, dank eines im Vertrauen des Herrschers gegründeten Quasi-Monopols der politischen Patronage alle Schlüsselpositionen des Herrschaftsapparats mit eigenen Klienten zu besetzen, die den Minister informierten und ihm zuarbeiteten, für deren

Verhalten und Erfolg er aber auch gegenüber seinem Herrn haftete, eine ständige Stresssituation, die erklärt, warum Richelieu und Olivares immer wieder von nervösen Zusammenbrüchen bedroht waren.

Im 18. Jahrhundert hatte sich zwar formal wenig geändert, aber der Premierminister beanspruchte jetzt weniger als Günstling Vertrauen, sondern als kompetenter Dirigent eines komplizierten Apparats. Denn zumindest in Westeuropa zeichnete sich eine neue Institutionenkultur ab, die statt Kollegien hierarchisch organisierte Behörden unter persönlich verantwortlichen Fachministern bevorzugte, dieses Ziel aber erst nach der Französischen Revolution erreichte. Einstweilen handelte es sich um Vorformen. In Frankreich trafen sich jetzt die Fachminister einzeln mit König und Premierminister zur Arbeit. In England gab es einen kleinen Ausschuss des *Privy Council* aus den Inhabern der wichtigsten Ämter, Kabinett genannt, dessen Mitglieder wiederum durch das Vertrauen des Monarchen in diese Ämter gekommen waren, vor allem der *First Lord of the Treasury* und die beiden Staatssekretäre. Der erstere war in der Regel der Premierminister, aber noch genau so informell wie in Frankreich. Die Amtsinhaber konnten ebenfalls für sich allein mit dem Monarchen verhandeln. In Spanien schuf der König 1721 in Konkurrenz zu den hergebrachten Ratskollegien fünf Staatssekretäre für Äußeres, Justiz, Finanz, Krieg, Marine mit Kolonien, die eindeutigsten Vorläufer moderner Fachminister, die aber sowenig wie in Frankreich zu einem Ministerrat zusammentraten.

Lokalherrschaft und Ständewesen

Es gab zwar eine Regional- und Lokalherrschaft des Monarchen und seiner Zentrale, aber diese konkurrierte die längste Zeit mit anderen Instanzen, die Lokalherrschaft oft genug aus eigenem Recht und nicht dank Verleihung durch den Herrscher ausübten. Nicht zuletzt in der Durchsetzung der unmittelbaren Kontrolle der Zentralgewalt über jeden einzelnen Untertanen besteht die Vollendung des modernen Staates im 18./19. Jahrhundert.

In gewisser Hinsicht war auch das mittelalterliche Reisekönigtum eine Form von Lokalherrschaft, bei der Monarchen ihre Herrschaft vor Ort ausüben konnten. Sonst hatten sie in übersichtlichen geographischen Einheiten, etwa einer Stadt mit ihrem Umland oder einem ländlichen Gau, jeweils einen bevollmächtigten Vertreter, der für alle anfallenden Aufgaben zuständig war, für Justiz und Verwaltung, soweit eine solche neben der Rechtsprechung überhaupt existierte, für Militär, Abgabenerhebung und Verwaltung des Königsguts, gegebenenfalls auch für die Durchführung von Parlamentswahlen und dergleichen. In den meisten europäischen Ländern außer Skandinavien und der Iberischen Halbinsel führte dieser Amtsträger zunächst die Bezeichnung «Graf».

Das Netz der Grafschaften war aber in den seltensten Fällen homogen und flächendeckend, sondern von mehr oder weniger autonomen Einheiten durchsetzt. Das konnten Städte mit Selbstverwaltung sein, die mancherorts von besonderen Beauftragten des Monarchen kontrolliert wurden, in Kastilien von *Corregidores*, in Preußen von Steuerräten. Das konnten kirchliche Immunitäten sein, vor allem größere Klosterherrschaften, die allerdings ursprünglich einen weltlichen Herrn als Vogt zur Wahrnehmung weltlicher Aufgaben wie der Blutgerichtsbarkeit haben mussten. Vor allem aber waren es Adelsgüter, deren Inhaber ihre Herrschaft nicht selten aus eigenem, von der Krone unabhängigem Recht herleiteten.

Allerdings gelang es den Karolingern und ihren Nachfolgern seit dem 8. Jahrhundert, diesen alten wie den von ihnen geschaffenen neuen Adel weitgehend in das damals eingeführte Lehenswesen einzubinden. Die militärische Notwendigkeit, statt des alten Heerbanns eine kostspielige Reitertruppe aufzustellen, veranlasste sie, ihren Gefolgsleuten Landgüter zu verleihen, deren Inhaber ihnen Treue geloben und im Bedarfsfall Reiter stellen mussten. Auf die Dauer konnten aber auch die Inhaber autonomer Adelsherrschaften zu königlichen Lehensträgern und Gefolgsleuten gemacht werden, so dass das System das ganze Reich durchdrang und dessen lokale politische Struktur bestimmte. Auch die Grafschaften und andere königliche Ämter mit den dazu gehörigen Gütern und Einkünften wurden nun als Lehen verliehen. Unter starken Monarchen bedeutete das Kontrolle durch Abhängigkeit der Lokalgewalten. Unter schwachen Herrschern freilich wurden solche Ämter wie alle Lehen zum erblichen Dauerbesitz lokaler Adelsfamilien, deren Macht dadurch auf Kosten der Zentralgewalt noch weiter anstieg. Das war vor allem in Deutschland der Fall.

Auch in Frankreich traten die Grafen in den Hintergrund, wurden aber durch andere Administratoren des lokalen Königsguts ersetzt, die zugleich die Justiz wahrzunehmen hatten. Da hier die Auffassung durchgesetzt werden konnte, dass grundsätzlich alles Land direkt oder indirekt königliches Lehen sei, und obendrein bis ins 16. Jahrhundert ganz Frankreich der primär als Herrschaft definierten Krondomäne eingegliedert wurde, ergab sich daraus im Gegensatz zu Deutschland eine lückenlose Kontrolle des Landes durch königliche Beauftragte. Allerdings waren immer neue Wellen solcher Amtsträger erforderlich, weil die älteren Vertreter sich ihr Amt angeeignet und sich mit den lokalen Machthabern verbunden hatten. Selbst bei der letzten Welle dieser königlichen Universalbevollmächtigten, den Intendanten des 17./18. Jahrhunderts, die im Allgemeinen als Schrittmacher des französischen Zentralismus gelten, hat die neuere Forschung derartige Tendenzen feststellen können.

In Kastilien, wo das Lehenswesen keine große Rolle spielte, gab es eine deutliche Zweiteilung in ziemlich autonome adelige und kirchliche Herrschaften einerseits, eine weitgehend aus den Städten und deren Territorien bestehende Krondomäne andererseits.

In England herrschte zwar seit der normannischen Eroberung das Lehenswesen, es gelang aber die Bildung geschlossener Adelsherrschaften zu verhindern und das Netz der alten königlichen Grafschaften aufrecht zu erhalten, formal bis heute. Allerdings wurden sämtliche Amtsträger, die an die Stelle der Grafen traten, zunächst der *Sheriff*, dann das Kollegium der *Justices of the Peace* für Bagatelljustiz und Verwaltung und der *Lord Lieutenant* für die Miliz, aus dem lokalen Adel bestellt. Sie arbeiteten ehrenamtlich unter der Kontrolle des *Privy Council*.

Das Gewicht der Lokalinteressen war unter diesem System so groß, dass man das frühneuzeitliche England geradezu als Föderation von Adelsrepubliken bezeichnet hat. Denn zumindest die Grafschaftsvertreter im *House of Commons* repräsentierten dieselben lokalen Eliten, die sich in Konkurrenz mit der Krone auch die Kontrolle über die Abgeordneten der Städte zu verschaffen suchten.

Auch in Polen und Ungarn handelte es sich um Föderationen lokaler Adelsgesellschaften, trotz ganz anderer Rahmenbedingungen, denn hier hatte sich das Lehenswesen nie durchgesetzt. Im polnischen Herrschaftssystem spielten die königlichen Woiwoden und Kastellane neben den lokalen Adelslandtagen keine große Rolle mehr, in Ungarn gaben die Adelsversammlungen der Grafschaften (Komitate) bis ins 19. Jahrhundert den Ton an. Diese lokalen Adelsgremien beschickten noch exklusiver als in England auch das Unterhaus der beiden Reichstage, denn die Städte spielten hier kaum eine Rolle.

Im Grunde läuft frühneuzeitliche Lokalherrschaft auf das hinaus, was wir später in europäischen Kolonien als «indirekte Herrschaft» antreffen. Die Zentralgewalt, die sich noch keinen umfangreichen Beamtenapparat leisten kann und will, arrangiert sich mit den lokalen Machthabern und überlässt diesen die Herrschaft vor Ort, weitgehend ungestört, solange Ordnung herrscht und die Steuern eingehen. Diese ihrerseits gehen ähnlich vor, indem sie nicht nur den Städten, sondern auch den Landgemeinden eine gewisse Selbstverwaltung unter Aufsicht etlicher Vertreter der Herrschaft einräumen. Nur im Konfliktfall wird die Autorität der Zentrale demonstrativ mit Militärschlägen, auf die harte Strafen für die ungehorsamen Untertanen folgen, durchgesetzt.

In der Regel wurden allerdings die leiseren und weniger kostspieligen mikropolitischen Verfahren der Patronage bevorzugt, wie sie vom englischen und vor allem vom französischen Hof und ihren Ministern ausging. In England handelte es sich darum, die richtigen Leute ins Unterhaus zu bekommen, während in Randprovinzen Frankreichs wie der Provence Führer von Adelsfaktionen zur erfolgreichen Unterstützung königlicher

Steuerforderungen auf Städtetagen gewonnen wurden. Ein beliebtes Mittel war die Verleihung bzw. die Versagung von Ämtern, vor allem von einträglichen und prestigeträchtigen, gelegentlich aber auch von Adelstiteln.

Das Ständewesen war ja eine Art von Komplementärphänomen zur Zentralgewalt, insofern es in erster Linie auf die Artikulation von Interessen lokaler Eliten hinauslief, mit denen die Krone ihre politischen Vorstellungen, vor allem aber ihre Steuerforderungen aushandeln musste. Während moderne Parlamente den Anspruch erheben, das Gesamtinteresse der Nation zu vertreten und allenfalls unterschiedliche Vorstellungen von diesem Gesamtinteresse zum Ausdruck zu bringen, ging es vormodernen Ständevertretungen ganz offen um Einzelinteressen, allenfalls um deren Summe. Denn Repräsentation bedeutete zunächst nicht Vertretung im modernen Sinn, sondern reale oder zumindest symbolische Verkörperung. Das heißt, soweit sich die Stände aus geborenen Mitgliedern, den Inhabern bestimmter Herrschaften, zusammensetzten, verstanden sie sich nicht als Vertreter des Landes, sie *waren* das Land. In diesem Sinne ist noch heute in England das Parlament souverän und nicht etwa das von ihm vertretene Volk wie anderswo in Europa. Erst als neben den geborenen Mitgliedern gewählte Delegierte von Korporationen wie z. B. den Städten eine größere Rolle spielten, setzte sich der moderne Repräsentationsbegriff durch. Allerdings besaßen auch diese Vertreter lange nur ein imperatives Mandat. Ging es um Dinge, für die sie keine Instruktionen mitbekommen hatten, mussten sie zuhause anfragen («hinter sich bringen»).

Der Ursprung der Ständeversammlungen ist in militärischen oder dynastischen Herrschaftskrisen zu suchen, die nur durch Bewilligung einer Geldhilfe, sprich Steuer, bewältigt werden konnten. Ein solcher Eingriff ins Privateigentum war in Europa nur mit Zustimmung der Betroffenen rechtens und die Erhebung einer solchen Abgabe mangels eines Verwaltungsapparats nur mit Hilfe der örtlichen Machthaber möglich. Schon aus diesem Grund waren einstimmige Beschlüsse wünschenswert, so dass das Mehrheitsprinzip keine große Rolle spielte. Allerdings setzt Steuererhebung Geldwirtschaft voraus. Daher treten voll entwickelte Ständeversammlungen in Mittel-, Nord- und Osteuropa selten vor dem 15. Jahrhundert auf, in Süd- und Westeuropa hingegen schon im 13./14. Jahrhundert.

Da es sich um eine Veranstaltung des Monarchen handelte, lag die Einberufung bei ihm. Selbstversammlung war die Ausnahme und bedeutete häufig bereits Revolution. Demgemäß waren die Ständeversammlungen Ereignisse, und zwar unbeliebte, weil kostspielige, und keine Institutionen mit einem ideologischen Programm protodemokratischen Zuschnitts. Insofern ist die beliebte und jubiläumsträchtige historische Herleitung moderner Parlamente aus vormodernen Ständeversammlungen höchstens in England und Schweden angebracht, wo eine kontinuierliche Entwicklung stattfand. Überall sonst handelt es sich um eine Geschichtsklitterung demokratischer Romantiker!

Nach Otto Hintze und anderen soll das Zwei-Kammersystem englischer Art zum Parlamentarismus, das kontinentale Drei-Kurien-System für Klerus, Adel und Dritten Stand zum Absolutismus geführt haben. Eine so deterministische Sicht der Dinge ist aber empirisch nicht zu halten, denn dazu ist zu viel Kontingenz im Spiel, auch in England. Außerdem verschleiert der Ständepluralismus nur die durchgängige Dominanz des Adels, auch wenn sie nicht ausschließlich ausfiel wie in Polen und Ungarn. Denn viele Vertreter der Geistlichkeit waren adeliger Herkunft, und die Abgesandten der Städte stammten aus deren Aristokratie, die teilweise vom Adel als ebenbürtig akzeptiert wurde. Vertreter der Bauern in Ständeversammlungen fielen nur dort ins Gewicht, wo der Adel aus besonderen Gründen fehlte wie in manchen deutschen Territorien.

Das Verfahren der Ständeversammlungen lehnte sich an den römisch-rechtlichen Prozess an. Üblicherweise legten die Stände Beschwerden vor, so noch in der Französischen Revolution 1789, denen als Gegenleistung für Steuerbewilligung abgeholfen werden sollte. Hier liegen die Wurzeln der ständischen Mitwirkung an der Gesetzgebung.

Monarchen konnten allerdings versuchen, sich Steuern langfristig bewilligen zu lassen oder einmal bewilligte Steuern ohne ständische Zustimmung weiter zu erheben oder die Erhebung sogar kraft ihrer Notstandsgewalt ohne Bewilligung zu erzwingen – wenn sie stark genug dazu waren. In Frankreich wurden die Generalstände seit dem 15. Jahrhundert nicht mehr mit Steuerbewilligungen befasst, sondern nur noch die übrig gebliebenen Provinzialstände der Randprovinzen. Im 17. Jahrhundert fand dann europaweit ein «Ständesterben» statt, das freilich selbst in starken Monarchien wie Frankreich und Spanien, Preußen und Österreich nicht zu deren völligem Verschwinden geführt hat. Aber mit Ausnahme Englands, Schwedens, Polens und vielleicht auch Ungarns war die Monarchie inzwischen überall der stärkere Teil.

Freilich hatte es bis dahin auch heftige Konflikte gegeben, denn das von den Monarchen betriebene Wachstum der Staatsgewalt war zwar politisch innovativ, geriet aber gerade deshalb unweigerlich in Gegensatz zum Konservatismus von Adel und Volk, die nicht ohne Grund ihre Rechte und ihr Eigentum bedroht sahen und sich zum gewaltsamen Widerstand gegen die Tyrannei eines Ministers oder bisweilen sogar des zum Tyrannen pervertierten Herrschers selbst berechtigt fühlten. Tausende von Volksaufständen zwischen dem 14. und 19. Jahrhundert mochten in einigen Fällen Besserung bewirken, das gilt sogar vom deutschen Bauernkrieg 1524/25, vermochten aber die politische Entwicklung nicht wesentlich zu beeinflussen.

Wo sie freilich mit adeligem oder gar von Ständeversammlungen getragenem Widerstand zusammentrafen, der sich auch programmatisch zu artikulieren vermochte, sah die Sache anders aus. Zwar ist der Widerstand der französischen Hugenotten ebenso gescheitert wie das 1619 geschaffene ständische Gemeinwesen in Böhmen. Auch die kurzlebige englische Republik ist untergegangen, aber sie hat England definitiv den Weg zur parlamentarischen Monarchie gewiesen. Und als die aufständischen Niederländer nach Absetzung ihres «tyrannischen» spanischen Herrschers 1581 keinen neuen Monarchen finden konnten, konstituierten sie sich höchst erfolgreich als Republik. In der Tradition dieses als legitim betrachteten Widerstands liegen nicht nur die Wurzeln der Amerikanischen und der Französischen Revolution, sondern vor allem diejenigen der modernen Grund- und Menschenrechte, die von Haus aus keineswegs das Fundament des modernen Staates darstellen, sondern im Gegenteil aus dem Widerstand gegen seinen Aufstieg hervorgegangen sind!

Kirche und Staat

Unter den besonderen Bedingungen der abendländischen politischen Kultur standen der werdenden modernen Staatsgewalt aber nicht nur Autonomieansprüche des Adels und der Gemeinden gegenüber, sondern auch diejenigen der lateinischen Kirche, die dank ihres Vorsprungs hinsichtlich Recht und Institutionalisierung sogar mit weltlichen Reichsgründern konkurrieren konnte. Gegen die Kirchenherrschaft oströmischer Kaiser hatte Rom die Lehre von den zwei Gewalten, der geistlichen und der weltlichen, proklamiert. In den europäischen Königreichen und Gemeinden des frühen Mittelalters herrschte allerdings ebenfalls ein weltliches Kirchenregiment der Könige und adeligen Herren über Bischöfe, Pfarrer und Klöster.

Aber die Kirchenreform des 11. Jahrhunderts kämpfte erfolgreich für die Freiheit der Kirche von der Laiengewalt, zunächst gegen die Besetzung geistlicher Ämter durch Laien (Investiturstreit), dann gegen weltliche Rechtsprechung über kirchliche Personen und Sachen sowie gegen die Besteuerung des Klerus (Immunitätsstreit). Denn die Geistlichkeit beanspruchte als Standesvorrechte den ausschließlichen Gerichtsstand vor geistlichen Gerichten und die Freiheit von weltlicher Besteuerung. Diese Privilegien bewegten einerseits manchen Unberufenen dazu, dem geistlichen Stand beizutreten, andererseits führten sie bei engem Zusammenleben mit Laien, etwa im Falle von Klöstern in Städten, zu Ressentiments und Konflikten.

Denn der abendländische Dualismus geistlich-weltlich brachte in der Praxis gerade keine reinliche Trennung beider Sphären hervor, sondern ihre dialektische Verschränkung. Einerseits suchte die Kirche mit dem Königreich Christi die Welt zu überwinden, erstrebte aber um dieses Zieles willen die indirekte Herrschaft über die Welt. Andererseits wollten weltliche Herrscher ihre Macht unabhängig von kirchlicher Bevormundung halten, mussten zu diesem Zweck aber auf den sakralen Charakter ihrer Stellung bauen und sich die Kontrolle über die Kirche ihres Landes sichern.

Die erwähnten großen Konflikte führten nicht zu klaren Lösungen, sondern ließen die widerstreitenden Ansprüche bestehen. Zwischen 1073 und 1303 bauten die Päpste Gregor VII., Innozenz III., Innozenz IV. und Bonifaz VIII. einen theologisch begründeten Weltherrschaftsanspruch auf. Wegen der Sündhaftigkeit des Menschen beanspruchten sie Eingriffsrechte gegenüber weltlichen Herrschern. Sie behaupteten jetzt, im Symbol der zwei Schwerter (Lukas 22, 35–38) ursprünglich beide Gewalten von Gott empfangen und die weltliche dann an Kaiser und Könige weitergegeben zu haben. Als Vicarius Christi statt Petri schrieb sich der Papst die Vollgewalt über das Universum einschließlich der Heiden zu, was noch zur Begründung des Kolonialismus benutzt werden konnte.

Die unumschränkte päpstliche Herrschaft über die Kirche erreichte unter dem Papsttum von Avignon im 14. Jahrhundert im Pfründen- und Finanzwesen einen eindrucksvollen Höhepunkt. Aber mit dem großen Schisma 1378–1417, als zeitweise drei Päpste miteinander konkurrierten, und den daraus erwachsenen Reformkonzilien (Konstanz 1414–1418, Basel 1431–1437/49) mit ihren «ständischen» Vorstellungen von der Kirche (Konziliarismus) begann die Wende zugunsten der werdenden Staatsgewalten. Europas Herrscher konnten sich in Verträgen (Konkordaten) mit den Konzilien und den Päpsten erhebliche Rechte über die Kirchen ihrer Länder sichern, die freilich oft nur auf nachträgliche Legalisierung von Eingriffen hinausliefen, die sie bis dahin mit ihrer Kirchenvogtei, ihrer Lehenshoheit oder ihrem Notrecht begründet hatten.

Päpstliche Verfügungen wurden genehmigungspflichtig (Plazet), gegen kirchliche Gerichte konnten weltliche angerufen werden (*Recursus ab abusu*), Pfründen mussten nach dem Vorschlag des Fürsten besetzt werden (Patronat, Nomination), Klerus und Pfründen wurden weltlich besteuert, zugleich aber der Abfluss von Geld nach Rom und die Zunahme des kirchlichen

Grundbesitzes (tote Hand) be- oder verhindert. Schließlich nahmen weltliche Obrigkeiten sogar das Recht zur Reform oder Aufhebung von Kirchen und Klöstern in Anspruch. Aus der gebieterischen Seniorpartnerin des werdenden Staates war die Kirche zur selbständigen, aber abhängigen Juniorpartnerin geworden.

Besonders weit ging dieses ältere Staatskirchentum in Spanien und italienischen Territorien wie Mailand und Venedig. In England und Frankreich entstanden sogar regelrechte Nationalkirchen unter Kontrolle der Krone, so dass die Trennung Englands von Rom 1534 nur einen letzten Schritt bedeutete. In Deutschland war die Situation des «landesherrlichen Kirchenregiments» uneinheitlich wie gewohnt, unter anderem deswegen, weil viele geistliche Würdenträger selbst Fürsten des Reichs waren (Reichskirche).

Martin Luther hat der fortschreitenden Unterwerfung der Kirche unter den Staat ungeplant einen entscheidenden Legitimationsschub beschert. Denn die Rechtfertigung aus dem Glauben allein mittels der Jedermann zugänglichen Heiligen Schrift machte den kirchlichen Apparat professioneller Heilsvermittlung mit einem Schlag überflüssig. Klerus und Kirchengut hatten ihre Existenzberechtigung verloren. Alles schien auf radikale Trennung der «zwei Reiche» Kirche und Welt hinauszulaufen, wobei der Kirche nur das Wort Gottes blieb, während alles andere an die weltliche Gewalt fallen sollte.

Doch die Reduzierung der Kirche auf bibelgeleitete Gemeinden führte zur Revolution. Daraufhin nahmen seit 1525 mit Billigung der Reformatoren deutsche Fürsten die Sache in die Hand und schufen durch Übernahme des Kirchenguts und der kirchlichen Aufgaben evangelische Landeskirchen. Dänemark, England und Schweden folgten aus anderen, nicht zuletzt finanziellen Gründen. Die Kirche als unabhängige Institution hörte auf zu existieren. Evangelische Bischöfe wurden von deutschen Fürsten überhaupt nicht geduldet, anderswo verloren sie den Rest ihrer Unabhängigkeit. Bisweilen wirkte die Kirche wie ein Zweig der entstehenden Bürokratie, denn ihr zunehmend akademisch professionalisiertes Personal war eng mit der aufsteigenden juristischen Staatsklasse vernetzt. Unabhängige Varianten der Reformation blieben entweder in der Minderheit wie die Hugenotten oder wurden unterdrückt wie die Täufer.

Martin Luther hat den hergebrachten Dualismus geistlich-weltlich einerseits theologisch auf die Spitze getrieben, ihn aber anderseits in der Praxis zugunsten weltlicher Obrigkeit suspendiert. Deutschen Fürsten wurde dabei eine neue Sakralisierung zuteil, denn sie avancierten zu Amtmännern Gottes und Landesvätern in Analogie zu Gottvater – der «Vater Staat» ist nicht mehr weit entfernt.

Allerdings führte der neuartige Konkurrenzdruck rivalisierender Kirchen auch zu katholischen Landeskirchen unter weitgehender weltlicher Kontrolle. Denn die erfolgreiche Behauptung der Lehreinheit und die in Angriff genommene Kirchenreform ließen sich von Rom nur in Zusammenarbeit mit den weltlichen Machthabern verwirklichen. Die vollständige Kirchenhoheit besaß der Papst nur noch in seinem Kirchenstaat.

So wurde in den meisten Ländern Europas von weltlichen und geistlichen Machthabern gemeinsam daran gearbeitet, die Untertanen zu rechtgläubigen und disziplinierten Angehörigen der jeweiligen Kirche zu machen. Die angewandten Verfahren unterschieden sich kaum: Vereidigung auf ein standardisiertes Glaubensbekenntnis, Propaganda und Zensur, Vertreibung von Andersgläubigen, Ausbau des Bildungswesens, Kontrolle der Teilnahme am Gottesdienst und des sittlichen Lebens. Diese so genannte «Konfessionalisierung», die bis ins 18. Jahrhundert anhielt und im neunzehnten eine veränderte Neuauflage erlebte, war durchaus erfolgreich, auch wenn die jüngste Forschung zu Recht wieder eine stärkere lokale und konfessionelle Differenzierung einfordert. Europa verdankt ihr einen Beitrag zu seiner Modernisierung durch Bildung und Disziplinierung der Untertanen des werdenden Staates.

Denn die europäische Monarchie war nicht nur nicht absolutistisch, sie war auch nicht konfessionsneutral. Sie hätte sich damit selbst geschadet, denn die Zusammenarbeit mit der jeweiligen Kirche lag durchaus in ihrem Interesse. Erstens trug ein religiöser Fundamentalkonsens zur politischen Identitätsbildung bei, zum katholischen Spanien, Polen, Bayern wie zum protestantischen England, Schweden, Sachsen. Zweitens eignete sich die Monarchie kirchliche Ressourcen an, auch in katholischen Ländern, und sei es nur durch Besteuerung des Klerus mit päpstlicher Ausnahmegenehmigung. Drittens bot die vormoderne religiöse Disziplinierung der Untertanen eine Grundlage für die moderne durch Schule und Armee, Büro und Fabrik.

Toleranz oder gar Religionsfreiheit blieben demgegenüber Forderungen von Einzelnen oder Minderheiten, die der gewaltsamen Religionspolitik Verletzung der Nächstenliebe und Vergewaltigung der Gewissen vorwarfen. Die Parität der Konfessionen, die in Deutschland vorläufig im Augsburger Religionsfrieden 1555, endgültig im Westfälischen Frieden 1648 festgeschrieben wurde, galt nur auf der Ebene des Reiches für dessen Stände. Auf der Ebene der Territorien entsprach ihr überwiegend Religionszwang. Die Duldung religiöser Minderheiten in der niederländischen Republik entsprang rein praktischen Bedürfnissen und war nie unbeschränkt. Auch als mit der Aufklärung Toleranz radikalisiert auf generelle Skepsis gegenüber jedem absoluten Wahrheitsanspruch gegründet wurde, blieb es beim konfessionellen Charakter der meisten Gemeinwesen. Wo schließlich im späten 18. und im 19. Jahrhundert Glaubens- und Gewissensfreiheit gewährt wurde, galt sie nur für Individuen. Wo abweichende Glaubensgemeinschaften zugelassen wurden, unterlagen sie zunächst weiterhin staatlicher Kontrolle.

Recht und Justiz

Im Gegensatz zum heutigen Rechtsmonopol des Staates hatte archaisches Recht viel mit Religion und Sitte zu tun, war aber politischen Instanzen nur soweit zugeordnet, als diese Gerichtshoheit besaßen. Es war personal, konkret und stand der physischen Gewalt nahe; Blutrache gehörte dazu. *Das Recht* und *mein Recht* waren deckungsgleich, denn Recht hatte mit der persönlichen sittlichen Erfahrung von Gerechtigkeit oder ihrer Verweigerung zu tun. Strafe hatte der erforderlichen rituellen Wiederherstellung der gestörten Weltordnung zu dienen. Ritueller Ausgleich dieser Art lebte im mittelalterlichen Wergeld, in der frühneuzeitlichen *Compensatio* und im kirchlichen Ablass weiter, der Möglichkeit, eine Strafe durch eine Zahlung zu ersetzen. Oder in der Symbolik der «spiegelnden Strafen», wenn z. B. dem Meineidigen die Schwurhand abgehauen wurde.

Ohne staatlichen Zwang war Justiz von der freiwilligen oder unfreiwilligen Kooperation der Parteien abhängig. Deshalb spielte der Straftatbestand der Missachtung einer Vorladung (*Contumacia*) lange eine so große Rolle. Doch archaische Parteien wurden nicht nur durch Furcht vor ihren Gegnern und Druck der Gemeinde vor Gericht getrieben, sondern auch durch Angst vor den Folgen der gestörten Weltordnung. Daher die gerichtliche Auseinandersetzung mit magischen Rechtsmitteln wie Gottesurteilen oder dem Reinigungseid des Beklagten mit elf Eideshelfern statt moderner Beweisverfahren. Trotz biblischen Verbots (Mat 5, 33–37) war der Eid das mit transzendenter Sanktion belegte Fundament der politischen, gesellschaftlichen und wirtschaftlichen Ordnung.

Rechtsprechung war mündlich, bestand in der Einigung der Gerichtsgemeinde auf einen Rechtssatz, die am leichtesten möglich war, wenn dieser als alt angesehen werden konnte. Dazu gab es zwölf rechtskundige Urteiler, die nicht nach Ermessen entschieden, sondern nach ihrer Kenntnis des Herkommens. Dabei war Einstimmigkeit ebenso erforderlich wie einhellige Zustimmung des Umstandes, der Gerichtsgemeinde. Denn archaische Justiz beruhte auf strenger Formalisierung. Die Mitglieder des Gerichts hatten sich zur rechten Zeit am rechten Ort zu treffen und die rechten Schritte vorzunehmen, sonst bestand Verdacht auf Ungültigkeit der Rechtshandlung. Legitimation durch Verfahren (Niklas Luhmann) war in der archaischen Justiz und dem von ihr abgeleiteten römischen und englischen Aktionenrecht von ausschlaggebender Bedeutung.

Bei all diesen formalen Gemeinsamkeiten war archaisches Recht material extrem variantenreich, es war regional, lokal, unter Umständen als Privileg bestimmter Personen sogar individuell. Es bestand aus Einzelfallentscheidungen und wurde anhand von solchen weitergebildet wie das anglo-amerikanische

Recht noch heute. Gesetze, wenn es solche überhaupt gab, spielten eine sekundäre Rolle und wurden bis ins 18. Jahrhundert entgegen dem modernen Gesetzesbegriff oft genug anlässlich regelungsbedürftiger Einzelfälle erlassen. Auch das römische Recht wurde erst in der Spätantike gesammelt und nach Gegenständen geordnet.

Vom 11. bis 13. Jahrhundert wandelte sich in Süd- und Westeuropa der geistige und politische Charakter des Rechts in revolutionärer Weise. Es wurde professionalisiert und begann sich damit aus seiner selbstverständlichen Verwurzelung in Sitte und Glauben zu lösen, denn es musste jetzt seine Gerechtigkeit rationaler Prüfung durch die aufkommende Rechtswissenschaft unterwerfen. Drei Faktoren bestimmten diese Entwicklung, erstens das Auftreten machtvoller Zentralgewalten in Kirche und Welt, zweitens die von diesen geförderte Entwicklung eines professionellen Juristenstandes, der auf die Dauer das Monopol der Staatsdienerschaft erlangen sollte, drittens die Tätigkeit von Rechtsschulen, die diese Leute und ihre neue Art zu denken hervorbrachten. Nur die englische Krone schuf dank ihrer einzigartigen Zentralmacht ein landeseinheitliches Recht auf archaischer Grundlage, das *Common Law* als Recht königlicher Richter. Im übrigen Europa aber gab die Wiederentdeckung des gesammelten römischen Kaiserrechts zusammen mit der Entwicklung des römisch geprägten Kirchenrechts den Ausschlag.

Daraus ergab sich eine rechtsanthropologisch neuartige Situation. Im Gegensatz zum rechtsanthropologischen Normalfall der Rechtsfindung und -fortbildung anhand von Einzelfällen lag jetzt ein riesiges Rechtscorpus von kanonischer Geltung vor, das der Auslegung bedurfte und auf diese Weise eine neue hermeneutische Art von juristischem Denken hervorbrachte. Ganz ähnlich wie bei Teilen der Bibel war dies auch deswegen erforderlich, weil die betreffenden antiken Texte aus einem anderen kulturellen Zusammenhang stammten. Die hermeneutischen Leistungen der mittelalterlichen und frühneuzeitlichen Juristen Europas im Dienste des politischen Bedarfs konnten durchaus mit denjenigen der Theologen im Umgang mit der Bibel Schritt halten.

So wurde der Satz: *Princeps legibus solutus est* zur Begründung der so genannten *absoluten Monarchie* der Neuzeit herangezogen. Wie einst der römische Kaiser (*Princeps*), so stünden auch der römisch-deutsche Kaiser, später die Fürsten und schließlich autonome Stadtrepubliken souverän über den Gesetzen. In Wirklichkeit handelte es sich an der betreffenden Stelle aber nur um die zivilrechtliche Dispens des Augustus von einzelnen gesetzlichen Bestimmungen. Freilich häuften sich Dispensen dieser Art für spätere Kaiser, so dass seit den Severern eine allgemeine Dispens von den Gesetzen unterstellt wurde. Doch verbanden die spätantiken Juristen ebenso wie die hochmittelalterlichen Glossatoren des römischen Rechts diese Feststellung mit der Forderung, normalerweise habe der Fürst sich an die Gesetze zu halten, auch seine eigenen.

Normalerweise hieß es – doch was war mit Notfällen? Hier wurde auf eine großzügige Auslegung der Kategorie *Necessitas* zurückgegriffen. Von der ausgewogenen Feststellung, dass Recht entweder durch Konsens oder durch Notwendigkeit oder durch Gewohnheit zustande komme, wurde die berühmte Formel: *Necessitas non habet legem* abgeleitet, als deutsches Rechtssprichwort: *Noth hat kein Geboth.* Selbstverständlich gibt es privatrechtliche Fälle, in denen ein neu aufgetretener Sachverhalt die geltende Rechtslage verändert; klassisch ist noch heute die Eigenbedarfskündigung. Doch auf das Gemeinwohl bezogen und in der Hand eines ehrgeizigen Herrschers wie des Großen Kurfürsten von Brandenburg wurde daraus ein Instrument zur Durchsetzung der Monarchie, denn der Fürst nahm für sich das Recht in Anspruch, darüber zu befinden, was dem Gemeinwohl dienlich sei. Der Krieg war der klassische *Casus Necessitatis* und der Besteuerung der Untertanen. Doch wenn die brandenburgischen Stände der Meinung waren, mit Kriegsende sei die *Necessitas* der *Kontribution,* der Kriegssteuer, zu Ende, dann war der Kurfürst anderer Auffassung; ihm schien die Fortsetzung der Besteuerung im Interesse des Gemeinwohls zu liegen.

Die neue professionelle Justiz entwickelte einen schriftlichen Zivil- und großenteils schriftlichen Strafprozess, der nicht mehr von einer Klageerhebung abhängig war, sondern die Verfolgung von Amts wegen kannte und in jedem Fall die Ermittlung der Wahrheit durch das Gericht zur Pflicht machte. Deshalb «Inquisitionsprozess» statt «Akkusationsprozess». Konsequenterweise trat jetzt an die Stelle des Gottesurteils die Folter. Außerdem gab es hinfort einen Instanzenzug. Jetzt war nicht mehr gesunder Menschenverstand gefragt, sondern juristischer Sachverstand. Nichtjuristen waren den neuen Verfahren nicht mehr gewachsen. Eine neue soziale Gruppe entstand, die Juristen, mit einem Monopolanspruch, den sie bis heute behauptet haben.

Amt und Instanzenzug bedeutet, dass die Kontrolle der Justiz von der Gerichtsgemeinde mehr und mehr auf die werdende Staatsgewalt überging, einer der wichtigsten Schritte zur Steigerung ihrer Macht. Allerdings war der werdende moderne Staat noch weit in die Neuzeit hinein so lose organisiert, dass sich die korporativ organisierten Juristen beträchtlicher Unabhängigkeit erfreuten. Nicht selten meinten sie besser zu wissen, was dem Gemeinwohl dienlich sei, als der Herrscher, vor allem, wenn ihre eigenen Interessen im Spiel waren. Aus ihrer beruflichen Arroganz, die in England sogar die Entscheidungen des Souveräns, des King-in-Parliament, der Überprüfung auf Rechtmäßigkeit durch den überlegenen juristischen Sachverstand unterwerfen wollte, hat sich immerhin die moderne Verfassungsgerichtsbarkeit entwickelt. Im England des 17. Jahrhunderts und im Frankreich des achtzehnten haben sie dann entscheidend zum Ausbruch der Revolutionen beigetragen.

Verschriftlichung des Rechts bedeutete außerdem, dass analog zum Corpus des römischen Rechts auch die übrigen Rechtsquellen schriftlich festgehalten, das heißt auch festgeschrieben wurden. Gewohnheitsrecht wurde aufgezeichnet, Gesetze und Entscheidungen gesammelt, gelegentlich sogar regelrechte Gesetzbücher geschaffen. Vieles davon entsprang privater Initiative wie das *Decretum Gratiani* für das Kirchenrecht oder der Sachsenspiegel des *Eike von Repgow.* Starke Monarchien wie Sizilien unter Friedrich II., Kastilien, später auch Frankreich ergriffen selbst die Initiative. Das Ergebnis waren aber bloße Sammlungen, mehr oder weniger thematisch geordnet und unvollständig.

Zu Beginn der Neuzeit leitete ein Aufschwung der Gesetzgebung einen weit reichenden Wandel ein. Gesetze waren bis dahin vor allem erlassen worden, um Rechtssicherheit in Zweifelsfällen zu schaffen, in denen das lokale Recht versagte. Grundsätzlich wurde ja nur mit Reskript regiert, auf Anfrage oder Bittschrift hin, Urkunden gingen auf Entwürfe der Empfänger zurück, kurzum, die Vorgänger des modernen Staates reagierten nur und ergriffen in der Regel nicht selbst die Initiative. Solche fürstlichen Initiativen standen ohnehin noch lange im Verdacht der Rechtswidrigkeit. Jetzt aber wurde es allmählich üblich, dass die Herrscher durch Gesetzgebung initiativ wurden, damit ein Monopol der Rechtssetzung sowie eine Vereinheitlichung des Rechts ihres Landes anstrebten, mit Verweis auf das Gemeinwohl immer neue Materien an sich zogen und vor allem in so genannten *Policeyordnungen* alles und jedes zu regeln begannen.

Gesetzgebung wurde auf diese Weise im 16. Jahrhundert bei Jean Bodin zum Inbegriff von Souveränität. Im Dienst der angestrebten staatlichen Kontrolle des gesamten Rechts kam es zu einer neuen Welle von Rechtssammlungen, die von den Obrigkeiten selbst betrieben wurde. Außerdem wurde der Buchdruck zu ihrer Verbreitung eingesetzt. Allerdings führten die Ansprüche der Aufklärung an Rationalität zur Kritik an der eher oberflächlichen thematischen Ordnung der Materien in diesen Sammlungen. Der Philosoph Christian Wolff schuf stattdessen eine perfekte Rechtssystematik auf naturrechtlicher Grundlage mit einer exakten Fachsprache aus sorgfältig definierten Begriffen. In diesem Sinne wurden nun überall Gesetzbücher erstellt, die das gesamte Recht in logisch-systematischer Ordnung enthalten und das bisher geltende Recht hinfällig machen sollten. Eine Spitzenleistung war das *Allgemeine Landrecht für die Preußischen Staaten* von 1794, das in 19194 Paragrafen das gesamte Leben so lückenlos regeln wollte, dass zunächst richterliche Auslegung und Kommentare ausdrücklich verboten wurden. Weltweit maßgebend wurden dann die fünf napoleonischen Codices, vor allem der *Code civil* von 1804, und die österreichischen und deutschen Zivil- und Strafgesetzbücher, vor allem das BGB von 1900. Da sich die Staaten im 18. und 19. Jahrhundert auch die Juristen endgültig unterworfen hatten, war damit die moderne Rechtseinheit mit staatlichem Rechtsmonopol lückenlos verwirklicht.

Machtmittel

Machthaber wären keine, wenn es ihnen nicht um die Macht ginge, *den eigenen Willen auch gegen Widerstreben durchzusetzen* (Max Weber). Die Mittel dazu können vielfältiger Natur sein. Die zunehmende Komplexität der Welt führt auch zur weiteren Differenzierung von Machtmitteln, vor allem dank der Einsicht, dass Macht weitgehend ein Kommunikationsphänomen ist.

Ursprünglich waren die Aufgaben europäischer Monarchen aber so begrenzt, dass einfache Machtmittel aus ihrem Eigengut zu deren Wahrnehmung genügten. Das waren Einkünfte in Naturalien oder Geld aus den Domänen im engeren Sinn und den fürstlichen Rechten, den Regalien. Dazu gehörten z. B. das Münzrecht, das Markt- und Geleitrecht, die Bergbauhoheit. Nur in Notfällen hatte der Herrscher Anspruch auf Leistungen seiner Untertanen, im Kriegsfall auf das Landesaufgebot, das allerdings auf Verteidigung vor Ort beschränkt blieb. Dieser alteuropäische *Domänenstaat* wurde in Mittelalter und Frühneuzeit allmählich vom modernen *Steuerstaat* abgelöst. Noch in der ersten Hälfte des 17. Jahrhunderts stammte der größere Teil der dänischen und schwedischen Kroneinkünfte aus Domänen, Regalien und ähnlichen Quellen – solange die Könige keine Kriege führten.

Mit Kriegen änderten sich die Verhältnisse rasch, weil nun der *Coercion-Extraction-Cycle* in Gang kam, der die Entwicklung zum modernen Staat vorantrieb. Denn der Krieg war, wie gesagt, die wichtigste Triebkraft für den Übergang zum modernen Staat, zu dessen Modernität nicht zuletzt die Steuerhoheit gehört. Soldat und Steuereinnehmer legten gemeinsam die Grundlagen des modernen Staates, denn Machtpolitik und Machtmittel bedingen sich gegenseitig. Weil Machtmittel die hinreichende Bedingung für Machtpolitik sind, nicht aber umgekehrt, stellen sie den Schlüssel zum politischen System und seiner Entwicklung dar.

Da Fürsten und Staaten ohnehin ausgabenorientiert wirtschaften, lösten Kriegskosten und Kriegsfolgekosten, vor allem die Bedienung von kriegsbedingten Krediten, immer neue Wachstumsschübe der Ausgaben aus. Im 17./18. Jahrhundert machten sie überall den Löwenanteil der Ausgaben aus.

Anfangs versuchten die Monarchien, die nötige Einnahmensteigerung aus Domänen und Regalien zu erwirtschaften. Domänen, Regalien und Ämter wurden verpfändet oder verkauft. Auch das Lehenswesen stellte von Haus aus ein Verfahren dar, sich durch gezielte Vergabe von Königsgut unmittelbar eine schlagkräftige Streitmacht zu sichern. Die Münzhoheit wurde seit dem 14. Jahrhundert durch Abwertung mittels Reduzierung des Edelmetallgewichts planmäßig zur Erzielung von Inflationsgewinnen genutzt. Auch Friedrich II. von Preußen finanzierte den Siebenjährigen Krieg zum Teil auf diese Weise. Allerdings konnte die frühzeitige und allzu gründliche Anwendung solcher Methoden sich als Hindernis weiterer staatlicher Entwicklung erweisen, so in Deutschland, wo das Reichsgut verloren ging, oder in Frankreich, wo sich der Ämterhandel zum politischen Ballast entwickelte.

Einnahmensteigerung und Münzverschlechterung bedeuteten bereits Belastung der Untertanen. Seit dem Hochmittelalter kam aber kein Gemeinwesen mehr ohne deren Besteuerung aus, was in vollem Umfang allerdings erst mit der gleichzeitigen Entwicklung der Geldwirtschaft möglich wurde. Besteuerung ließ sich zwar mit der Bibel wie dem Römischen Recht legitimieren, wurde aber dennoch als Rechtsverletzung empfunden, bedurfte daher der Zustimmung der Betroffenen und galt noch lange als einmalige Ausnahme. Erst im 16./17. Jahrhundert wurde die Vorstellung ständiger Besteuerung zur Finanzierung des bloßen Alltagsbedarfs akzeptabel.

Die notwendige Steuerbewilligung durch Ständeversammlungen als Repräsentation der Untertanen mochte bisweilen schwierig zu erlangen sein, hatte aber langfristig eine stabilisierende Wirkung. Diese lief allerdings in den meisten Ländern auf Gewöhnung an regelmäßige Steuererhebung hinaus, so dass die Stände dann vor allem im 17. Jahrhundert unter Berufung auf Gemeinwohl und Notwendigkeit in den Hintergrund gedrängt werden konnten.

Oft genug waren es ja nicht die Mitglieder der Ständeversammlungen selber, von denen die von ihnen bewilligten Steuern zu bezahlen waren. In vielen Ländern genossen Klerus und Adel in der Theorie Steuerfreiheit. Auch wenn dieses Vorrecht in der Praxis von den Monarchien weitgehend beseitigt wurde, blieben oft genug partielle Steuerprivilegien für ein regressives Steuersystem übrig, das in Frankreich genug Ärgernis für eine Revolution erregte. Denn eine relativ hohe Steuermoral ist nur aufrecht zu erhalten, wenn die Steuerpflichtigen glauben, ihre Besteuerung sei sinnvoll, transparent und gerecht.

Die parlamentarische Steuerbewilligung und das Fehlen formeller Steuerprivilegien führten dazu, dass die Engländer im 18./19. Jahrhundert eine größere Steuerlast als die Franzosen mit wenig Murren ertrugen, während eine geringere Belastung in Frankreich Konflikte auslöste. Dass die englische politische Klasse zwar im Gegensatz zu anderen Ländern genauso steuerpflichtig war wie alle anderen Untertanen, dafür aber ihre Befugnis zur Verteilung der Steuerlast vor Ort dazu benutzte, sich selbst kräftig zu bevorzugen, wurde entweder nicht wahrgenommen oder erregte zumindest weniger Anstoß als die provozierenden Steuerprivilegien des französischen Adels und Klerus'. Außerdem bevorzugte England nicht nur die weniger auffälligen indirekten Steuern, sondern diese wurden auch von Staats wegen erhoben und nicht von den verhassten Steuerpächtern wie in Frankreich und obendrein, wo es ging, beim Erzeuger und nicht beim Verbraucher, was auf den Preis durchschlug, aber kaum als Steuer wahrgenommen wurde.

Zwar wurde schon seit dem 15. Jahrhundert mit progressiven Steuern experimentiert, bei denen die Reichen mehr zu bezahlen haben als die Armen, obwohl der Begriff erst 1767 auftaucht. Aber die Reichen und Mächtigen wussten und wissen sich stets der konsequenten Besteuerung zu entziehen und auch ein progressives System in ein regressives zu verwandeln, bei dem die Steuerlast zumindest anteilig nach oben abnimmt, sei es formell wie in Frankreich und in anderen Monarchien des Ancien Régime, sei es informell wie im frühneuzeitlichen England und im Deutschland der Gegenwart.

Manche Möglichkeiten dazu ergeben sich aus dem technisch bedingten oder politisch gewollten Einsatz der verschiedenen Steuerarten. Neben *direkten* und *indirekten* Steuern unterscheiden wir zusätzlich zwischen *Quotitäts-* und *Repartitionssteuern.* Bei den heute üblichen Quotitätssteuern wird der Steuerbetrag pro Steuersubjekt oder -objekt festgesetzt; der Gesamtertrag ergibt sich daraus. Bei Repartitionssteuern wie der französischen *taille personnelle* oder den englischen *Subsidies* wurde der erforderliche Gesamtbetrag festgesetzt oder ausgehandelt und anschließend auf die Bezirke, Gemeinden und Steuerpflichtige aufgeteilt. Dabei griff man auf Amtsträger der Selbstverwaltung zurück, weil diese wie Steuerpächter für Ausfälle persönlich haftbar gemacht werden konnten. Aber sie konnten wie jene die Eintreibung zu ihren Gunsten gestalten.

Indirekte Steuern haben den fiskalischen Vorzug, dass ihnen kaum jemand entkommen kann, aber den sozialen Nachteil, dass sie regressiv sind, das heißt reich und arm nominal gleich, real aber ungleich belasten. Aber sie sind leicht zu erheben, vor allem wenn sie Geschäfte betreffen, die einen «Flaschenhals» durchlaufen müssen, bei denen der Fiskus nur zuzugreifen braucht. Demgemäß wurden sie zunächst als Zölle auf den Handel an Grenzen und Verkehrswegen innerhalb eines Territoriums erhoben, als Verbrauchssteuern gerne an Stadttoren, die bisweilen nur dazu beibehalten wurden.

Sobald es sich um derartige Besteuerung von Gütern des täglichen Bedarfs handelte, die für den Markt erzeugt wurden, war wie bei den direkten Steuern in den meisten Ländern ursprünglich ständische Zustimmung erforderlich. Bezeichnenderweise wurde eine derartige Akzise (*Excise*) in England sogar erst 1643 vom parlamentarischen Regime eingeführt; die Monarchie hatte sich damit nie durchsetzen können. Allerdings war die Besteuerung von Lebensmitteln zwar ertragreich, aber auch aufruhranfällig, weil sie die Grundversorgung der Bevölkerung berührte.

Direkte Steuern wurden entweder vom Bodenertrag bezahlt oder für eine andere Maßgröße, die sich der Erfassung nicht entziehen konnte, pro Kopf, pro Herd oder Haushalt, pro Hütte, pro Fenster, pro Kamin usf. Denn die Erfassung und angemessene Besteuerung von Geldvermögen erwies sich trotz Vereidigung der Steuerpflichtigen oder Denunziation durch neidische Nachbarn als nahezu unmöglich. Gerade bei den Reichsten begnügte sich der Fiskus daher nicht selten mit einer freiwilligen Pauschalzahlung. Vermutlich ist die notorische Unterbesteuerung des Kapitalvermögens eine der Bedingungen für die Erfolgsgeschichte des europäischen Kapitalismus. Demgemäß blieb es trotz Kritik bis zum Ende des Ancien Régime überwiegend bei der Kombination von Verbrauchs- und Grund- bzw. Bodenertragssteuer, in Preußen von städtischer *Akzise* und ländlicher *Contribution.*

Die *Contribution* war eine Kriegssteuer. Denn direkte Steuern sind das fiskalische Instrument mit der größten Elastizität für steigenden Militärbedarf. Allerdings nur indirekt, denn erstens konnte es ein Jahr und länger dauern, bis eine bewilligte Steuer eingegangen war, zweitens überstieg der Geldbedarf eines Krieges die großzügigste Steuerbewilligung bei weitem. Machtpolitik brauchte daher zunächst einmal Kredit; Steuern wurden bewilligt oder sogar erst geschaffen, um Kredite zu bedienen. Insofern waren Geldwirtschaft und Kapitalismus notwendige Bedingungen für den Aufstieg des modernen Staates. Das kirchliche Zinsverbot hat die fürstliche Kreditaufnahme und die große Kreditwirtschaft überhaupt wenig behindert. Demgemäß spielten auch konfessionelle Unterschiede zwischen europäischen Mächten in dieser Hinsicht kaum eine Rolle.

Fürsten konnten kurzfristige Kredite mit bis zu einem Jahr Laufzeit bei Geldleuten ihrer Länder oder auf internationalen Finanzplätzen wie Augsburg oder Lyon, dann Genua, schließlich Amsterdam aufnehmen. Risikobedingt waren die Zinsen zunächst exorbitant; 40–50% p.a. blieben keine Ausnahme. Der Grund dafür ist aber nicht nur in der notorisch schlechten fürstlichen Zahlungsmoral zu suchen, sondern in der fehlenden institutionellen Absicherung. Denn lange Zeit haftete ein Fürst nur persönlich, sein Nachfolger konnte die Übernahme von Schulden ablehnen, und eine institutionelle Staatsschuld existierte sowieso nicht.

Eine solche entwickelte sich allerdings unter der Hand und in aller Stille mit der zunehmenden Bedeutung des Rentenkredits aus befristeten Zeitrenten, Leibrenten für die Lebensdauer des Käufers und Ewigrenten, mit jeweils niedrigerer Verzinsung zwischen 12 und 3 Prozent. Die Fürsten haben dergleichen von den spätmittelalterlichen Städten, vor allem Italiens, übernommen. Auch der bereits erwähnte Ämterhandel war eine Form von Rentenkredit mit Zinsüberwälzung auf das Publikum, das die gebührenpflichtigen Dienste des betreffenden Amtsinhabers in Anspruch nehmen musste. Im Bedarfsfall wurde eine neu aufgelegte Anleihe in Rentenform *en bloc* mit Disagio an eine Bank zur Platzierung auf dem entstehenden Wertpapiermarkt verkauft.

Dennoch traten immer wieder Liquiditätskrisen mit Zahlungsunfähigkeit der fürstlichen Schuldner auf. Bezeichnenderweise häufen sich diese Staatsbankrotte im 16./17. Jahrhundert bei den Krieg führenden Großmächten Frankreich und Spanien. Zahlungsunfähigkeit konnte Aufstände auslösen wie 1648 die Fronde, aber auch zu Friedensschlüssen führen, weil die Kriegskassen leer waren, so in Cateau-Cambrésis 1559, in Vervins 1598 und wahrscheinlich auch in Münster und Osnabrück 1648.

Allerdings wurde das Schiff meistens durch Zwangskonversionen zu Lasten der Gläubiger wieder flott gemacht: rückzahlbare, kurzfristige, hochverzinsliche Kredite wurden zwangsweise in nicht rückzahlbare, langfristige, niederverzinsliche Renten verwandelt, bisweilen auch höher verzinste Zeitrenten in niedriger verzinste Ewigrenten.

Dann konnte die Schuldenanhäufung aufs Neue beginnen, mit dem voraussehbaren gleichen Ergebnis – solange für die Renten noch Nachfrage bestand und sie nicht durch ausbleibende Zahlung entwertet waren.

Dem wurde durch die so genannte *Financial Revolution* abgeholfen, als England nach einem Staatsbankrott 1672 das niederländische System niedrigverzinslicher Ewigrenten mit Fundierung auf bestimmte Einkünfte und wirkungsvoller ständischer Garantie übernahm. Dieser entscheidende Schritt zur institutionalisierten Staatsschuld und damit zum modernen Staat überhaupt konnte von der Errichtung einer Staatsbank als Kreditgeberin flankiert werden. Wo dies zunächst nicht gelang wie in Frankreich, Spanien und Österreich, spielten im 18. Jahrhundert internationale Netzwerke jüdischer und protestantischer Finanziers eine wichtige Rolle.

Englands Vorreiterrolle unter den großen Mächten könnte paradoxerweise damit zusammenhängen, dass es von Anfang an eine starke Monarchie, aber nie ein Domänenstaat gewesen ist, weshalb seine Herrscher für die Beschaffung von Mitteln für Machtpolitik stets auf die Pflege von parlamentarischem Konsens angewiesen blieben. Der säkulare Tiefstand der Kreditzinsen auf dem Amsterdamer Kapitalmarkt, der für England besonders wichtig war, bei 2,5–3 % dürfte eine zusätzliche Erfolgsbedingung gewesen sein.

Krieg und Gewalt

Wie angesichts des Zusammenhangs von Krieg, Finanz und Aufstieg des modernen Staates kaum anders zu erwarten, war das 17. Jahrhundert nicht nur das finanzgeschichtlich wichtigste, sondern auch das kriegerischste der europäischen Geschichte, zumindest was Zahl und Dauer militärischer Auseinandersetzungen zwischen den werdenden Staaten angeht. Deren Herrscher hatten mit der Bändigung der alltäglichen Gewalt auf ihrem Territorium und der Durchsetzung ihres inneren und äußeren Gewaltmonopols solche Fortschritte gemacht, dass sie sich umso erfolgreicher mit ihren äußeren Konflikten beschäftigen konnten.

War der vormoderne Alltag tatsächlich gewalttätiger als der moderne? Auf alle Fälle lag die Gewaltschwelle niedriger, weil es als legitim galt, notfalls das eigene Recht durch «rechte Gewalt» durchzusetzen. Noch war die Blutrache nicht ausgestorben. So gab es ein Kontinuum physischer Gewaltanwendung von den Auseinandersetzungen einfacher Leute zu den Kämpfen des Adels und der Fürsten. Auch Bauern konnten Fehden beginnen, und die Kriegserklärung zwischen Fürsten erfolgte noch im 17. Jahrhundert in fehderechtlicher Form. Auf der anderen Seite durften auch Fürsten in der Theorie nicht ohne weiteres Krieg führen, obwohl ihnen grundsätzlich eine Vollmacht dafür zustand. Denn es musste zusätzlich eine Schuld des Angegriffenen vorliegen, und die Vergeltung musste in guter Absicht mit dem Ziel eines gerechten Friedens erfolgen.

In Wirklichkeit konnten Kirche und Könige im Mittelalter nur mühsam zeitlich, räumlich und personell begrenzte Gottes- oder Landfrieden durchsetzen und die Untertanen an Konfliktaustragung auf dem neuen Rechtsweg gewöhnen. 1413 wurde die Fehde in Frankreich, 1495 im Reich endgültig verboten, und in der Mitte des 16. Jahrhunderts hatten Kaiser, Könige und Fürsten die legitime physische Gewalt tatsächlich in ihren Händen konzentriert. Sogar das Duell wurde verboten, auch wenn die konsequente Durchsetzung dieses Verbots noch lange zu wünschen übrig ließ. Auf der anderen Seite wurden die Kriterien für die Rechtmäßigkeit eines Krieges mehr und mehr auf die fürstliche Befugnis zur Kriegführung reduziert. Das hatte aber die bisher unvorstellbare Folge, dass in einem Krieg beide Seiten im Recht sein konnten.

Möglicherweise blieb die Summe der Gewalt dennoch gleich; der Abnahme der inneren entspräche die Zunahme der äußeren. Für die Untertanen war die alltägliche Gewalt damit aber nicht ohne weiteres ferner gerückt, denn erstens konnte das eigene Land Kriegsschauplatz werden wie große Teile Deutschlands im Dreißigjährigen Krieg, zweitens konnte das Anziehen der Steuerschraube zur gewaltsamen Repression im Innern führen wie in Frankreich.

Denn immer noch handelte es sich weniger um «zwischenstaatliche» Konflikte als um «Staatsbildungskriege» (Johannes Burkhardt), in denen es um die Auseinandersetzung der werdenden Staaten mit überstaatlichen Ordnungsvorstellungen ging, die etwa unter dem Schlagwort der spanischen oder französischen «Universalmonarchie» gehandelt wurden. Darüber hinaus konnte es sich um die gewaltsame Klärung der zukünftigen inneren Ordnung werdender Staaten handeln, um die Verteilung der Gewichte zwischen Krone und Ständen nicht nur in England, sondern auch in Böhmen und im Reich als Ganzem. Denn die lange Liste der äußeren Konflikte wird um eine ganze Reihe Bürgerkriege und ähnliche innere Auseinandersetzungen wie die Fronde oder der Katalanische Aufstand verlängert.

Den revolutionären politischen Veränderungen entspricht aber keine *militärische Revolution* des 16./17. Jahrhunderts, wie man früher glaubte. Wirklich neu waren nur Veränderungen im Festungswesen und der Infanterietaktik, die beide mit der Verbreitung der Feuerwaffen zusammenhängen, sowie die zahlenmäßige Zunahme, Verstetigung und «Verstaatlichung» der Heere. Aber diese zuletzt genannten Vorgänge sind weit eher politischer als rein militärischer Natur.

Zur Tradition abendländischer Kriegskultur, die bis auf die Antike zurückgeht, gehörte erstens die Disziplin geschlossener Infanterieformationen, zweitens der Wille zur Vernichtung der gegnerischen Kampfkraft (was nicht unbedingt auf Tötung der Feinde hinauslaufen musste), drittens das Streben nach technischer Überlegenheit und die dazu gehörige Innovationsbereitschaft, viertens die wirtschaftliche und politische Fähigkeit, dafür die nötigen Ressourcen zu mobilisieren. So gesehen, lief die Geschichte Europas auf einen ständigen Rüstungswettlauf hinaus, häufig auf Störung und Wiederherstellung des Gleichgewichts zwischen Angriffs- und Verteidigungswaffen, freilich mit wechselndem Tempo.

So waren die hohen und relativ dünnen Mauern mittelalterlicher Städte und Burgen im 15. Jahrhundert der Belagerungsartillerie nicht mehr gewachsen. Daher ging man zu niedrigeren, aber tief gestaffelten Anlagen über, mit vorspringenden Bastionen, von denen man jede Stelle des Vorfeldes unter Feuer nehmen konnte. Im 16. Jahrhundert wurde in diesem Sinn der sternförmige Festungsgrundriss üblich, den Vauban, der Festungsbaumeister Ludwigs XIV., zur Vollkommenheit entwickelte. Diese Festungen konnte man bei Feldzügen nicht einfach umgehen, aber die Belagerung konnte Monate oder Jahre dauern. Bau wie Belagerung verursachten exorbitante Kosten, denen nur noch potente Machthaber gewachsen waren.

Ähnliches galt für die Feldheere, in denen schon im Mittelalter Söldner neben dem befristeten Lehensaufgebot eine immer größere Rolle spielten. Denn die Heere wurden im Durchschnitt immer größer, statt ca. 20 000 Mann um 1500 waren es um 1635 bereits ca. 150 000 Mann, mit steigender Tendenz. Die neue Infanterietaktik hatte zunächst nichts mit Feuerwaffen zu tun, sondern wurde von den Schweizern auf der Grundlage ihrer Siege des 14. Jahrhunderts entwickelt und von den Landsknechten übernommen. Ein viereckiger Spießergewalthaufen von 3000–7000 Mann, bei dem die 6 m langen Spieße der ersten Reihen herausragten, rückte diszipliniert nach Trommelschlag vor und walzte alles nieder – außer einem noch stärkeren gegnerischen Haufen. Neben der schweren Reiterei bestanden die Heere jetzt aus einem oder mehreren dieser Gewalthaufen. Schon weil jetzt die Masse zählte, mussten die Heere immer zahlreicher werden.

Das Aufbrechen dieses Haufens war mit Feuerwaffen möglich, trotz geringer Zielgenauigkeit und langsamer Schussfolge, denn eine Musketenkugel durchschlug auf 200 m einen Plattenpanzer, was kein Pfeil oder Armbrustbolzen leistete. Weil die schwerfälligen Schützen Reiterangriffen hilflos ausgeliefert waren, ging man im 16. Jahrhundert zu gemischter Aufstellung von Schützen und Spießträgern über, wobei mit der Entwicklung der Feuerwaffen und der Schützentaktik die letzteren immer unwichtiger wurden, bis schließlich mit Einführung des Bajonetts Ende des 17. Jahrhunderts jeder Schütze zugleich sein eigener Pikenier war.

Den entscheidenden Schub brachte die Einführung des Contremarsches, angeblich durch die Oranische Heeresreform der 1590er Jahre. Die Schützen wurden mehrere Reihen tief aufgestellt, die erste Reihe feuerte und zog sich durch die Lücken der Aufstellung zum Laden zurück, die zweite feuerte und zog sich zurück und so fort, mit kontinuierlichem Salvenfeuer als Ergebnis. Dazu war allerdings erhöhte Disziplin und Übung erforderlich. Die Handhabung der vereinheitlichten Waffen wurde in einzelne Bewegungen zerlegt, die methodisch gelehrt und durch Einzelkommandos gesteuert werden konnten. Drill und Exerzieren waren geboren.

Im Kampf waren jetzt kleinere Einheiten mit höherer Offiziers- und Unteroffiziersdichte erforderlich. Ein Heer von 12 000 Mann bestand jetzt nicht mehr aus vier Gewalthaufen, sondern aus 24 Bataillonen à 500 Mann, die leichter in Reserve gehalten und verschoben werden konnten. Gustav Adolf von Schweden hat diese Taktik weiter vervollkommnet und durch den Ausbau einer standardisierten Feldartillerie ergänzt.

Seine Armee bestand ursprünglich aus militärdienstpflichtigen Bauern. In Kastilien herrschte ein ähnliches System, das besonders gefürchtete Kämpfer hervorbrachte. Die Regel waren allerdings bis ins 17. Jahrhundert nach Bedarf angeworbene Söldner, die arbeitslos im Frieden als Räuber zur Landplage werden konnten. Nur in der Schweiz hatte der Solddienst offiziellen Charakter und wurde von den kantonalen Eliten zum eigenen Vorteil kontrolliert.

Anderswo befand sich der Söldnermarkt in der Hand von freien Militärunternehmern, die den Fürsten und Städten nicht nur die benötigten Truppen besorgten, sondern auch die Kriegführung übernahmen. Der Krieg wurde damit nicht «privatisiert», denn er war vorher nicht «öffentlich» gewesen, sondern er wurde im Auftrag der werdenden Staatsgewalt von Privaten durchgeführt, die allerdings für die Dauer ihres Auftrags Offiziersrang und amtliche Befugnisse erhielten. Unternehmer und Subunternehmer wurden General, Obrist, Hauptmann und bestellten die übrigen Dienstgrade. Die ersten Militärunternehmer waren die italienischen Condottieri des Spätmittelalters. Im Dreißigjährigen Krieg gab es ca. 1500 von ihnen, mit Wallenstein als dem größten.

Die Finanzierung erfolgte durch vertraglich vereinbarte Zahlungen des Kriegsherrn an den Unternehmer. Blieben diese aus, konnte es zur Meuterei kommen (Rom 1527, Antwerpen 1585) oder gar zum Staatsstreich (England 1647 und 1653). Der Unternehmer konnte freilich auch die Vorfinanzierung übernehmen und zusätzlich als Kreditgeber der Kriegsherrn auftreten. War letzterer nicht liquide, konnte der Unternehmer mit Landgütern und Herrschaften entschädigt werden, die er freilich oft erst erobern musste.

Allerdings hatten Frankreich und Burgund, Kastilien und Ungarn schon im 15. Jahrhundert ständige Kavallerie- oder Infanterieeinheiten sowie Geschützparks unterhalten. Im Lauf des 17. Jahrhunderts gingen Fürsten, die es sich politisch und finanziell leisten konnten, zum Unterhalt eines umfangreichen stehenden Heeres über. Das entsprach den erhöhten Anforderungen an Drill und Disziplin der Soldaten ebenso wie der hohen Konfliktdichte des Zeitalters – soweit es diese nicht erst ermöglichte!

Das erste stehende Heer von über 300 000 Mann entstand in Frankreich seit der Mitte des 17. Jahrhunderts. Zwar blieben Obristen und Hauptleute Militärunternehmer, und die Offiziersstellen waren käuflich. Aber nichtsdestoweniger wurde auf die Kompetenz dieser Befehlshaber oder wenigstens ihrer Vertreter Wert gelegt. Organisation und Befehlshierarchie wurden gestrafft, generelle Uniformierung und standardisierte Bewaffnung eingeführt, eine umfangreiche Logistik für Rekrutierung, Unterbringung und Versorgung errichtet und Offizierspensionen ebenso wie Invalidenversorgung geschaffen.

Da sich dieses Heer als machtpolitisches Instrument bewährte, wurde es allerorten nachgeahmt, auch in England, das sich keineswegs auf seine Flotte beschränkte, vor allem aber von den besonders ehrgeizigen Monarchen Russlands und Preußens. Friedrich Wilhelm I. stellte sein gesamtes Staatswesen in den Dienst des Heeresausbaus, obwohl er selbst kaum Kriege führte. Seit 1725 trug der König nur noch Uniform, eine symbolische Verklammerung von Heer und Staat, die bis heute Schule gemacht hat. Sein Sohn Friedrich II. wusste von diesem Instrument erfolgreich machtpolitischen Gebrauch zu machen.

Wie sein Vater erwies er sich als erbarmungsloser Drillmeister, der auch seine Schlachten ohne Rücksicht auf Verluste schlug. 40% Gefallene waren normal, und am Ende des Siebenjährigen Krieges lebte nur noch einer von 15 einfachen Soldaten, die von Anfang an dabei gewesen waren. Der Soldat müsse vor seinen Offizieren mehr Angst haben als vor dem Feind, meinte der König. Das neue Steinschlossgewehr ermöglichte drei Schuss in der Minute, so dass bereits drei Reihen Infanteristen ein kontinuierliches Feuer aufrechterhalten konnten. Wichtiger war dem König allerdings der anschließende Sturmangriff mit gefälltem Bajonett.

Harte Disziplin war auch vonnöten, um Desertion der bisweilen mit dubiosen Methoden angeworbenen Soldaten zu verhindern. Nur ca. ein Drittel der Armee bestand aus Untertanen, obwohl ca. ein Viertel der jungen Männer Preußens lebenslang Soldaten sein mussten, in erster Linie Bauernsöhne und Angehörige der städtischen Unterschichten. Allerdings hatten sie im Frieden nur zwei bis drei Monate im Jahr zu dienen und waren die übrige Zeit in der heimischen Landwirtschaft oder im städtischen Gewerbe tätig. Das Land war in Aushebungsbezirke für die einzelnen Regimenter aufgeteilt, das Verfahren bürokratisch reguliert. Da nicht nur in Preußen die steigende Nachfrage nach Soldaten vom traditionellen Söldnermarkt nicht mehr befriedigt werden konnte, zeichneten sich aus rein militärpolitischen Gründen bereits Vorformen der allgemeinen Wehrpflicht ab!

Diplomatie, Staatensystem, Völkerrecht

Soweit Mächtepolitik nicht als Krieg stattfand, wurde sie seit dem 16./17. Jahrhundert Aufgabe der Diplomatie, die allmählich europaweit eigene Institutionen, Verkehrsformen und Rituale erhielt. Ihre Entwicklung verlief parallel zu derjenigen des modernen Staates, denn sie war die institutionelle Konsequenz daraus, dass die Pluralität rivalisierender Gemeinwesen in Europa nicht durch Reichsbildung abgelöst wurde wie anderswo, sondern sich als Dauerzustand etablierte. Insofern kann sie als maßgebende Institution des modernen westlichen Staatensystems gelten. Gesandte gab es immer und überall in der Geschichte, aber keine ständigen Vertreter in einem anderen Land.

Ständige Agenten oder Residenten tauchen zuerst im besönders «modernen» Italien des 15. Jahrhunderts auf, wo sich eine Vorform des späteren europäischen Staatensystems gebildet hatte, eine Pentarchie aus Mailand, Venedig, Florenz, Rom und Neapel. Diese Mächte waren für ständig wechselnde Allianzen gut und daher darauf angewiesen, sich gegenseitig unter Beobachtung zu halten. Die Päpste und die Republik Venedig, die «international» besonders engagiert waren, dehnten ihre Vertretungen auch auf das übrige Europa aus. Bis zum Ende des 16. Jahrhunderts gab es 13 päpstliche Nuntiaturen. Die sorgfältigen Berichte der venezianischen Botschafter wurden zu einer wichtigen Quelle für die politische Geschichte der frühen Neuzeit.

Bei den größeren europäischen Mächten löste anscheinend der Konflikt zwischen Habsburg und Valois einen Schub aus. 1547 hatte die französische Krone zehn auswärtige Botschafter. Nun zogen die übrigen nach, so dass Anfang des 17. Jahrhunderts ein ausgebautes System diplomatischer Vertretungen existierte. Bald erschienen die ersten Lehrbücher für Diplomaten. Denn eine Ausbildung gab es nicht. Sie wurde allenfalls durch Aktenstudium und Lektüre von Geschichtsdarstellungen ersetzt. Wichtiger als die fehlende Professionalität waren vornehme Abstammung und Vermögen, denn die Gehälter ließen zu wünschen übrig, aber dennoch wurde erwartet, dass der Diplomat mit Auftreten und Aufwand seinem Herrn Ehre machte.

Die zahllosen Prestige- und Präzedenzkonflikte vor allem zwischen französischen und spanischen Diplomaten, die bisweilen mit den Waffen ausgefochten wurden, sind berühmt. Die alltäglichere Wahrnehmung der Interessen des Auftraggebers eines Diplomaten bestand vor allem in der Beschaffung von Information, die sich in regelmäßiger, bisweilen chiffrierter Korrespondenz mit der am heimatlichen Hof für die große Politik zuständigen Stelle niederschlug. Außenministerien modernen Zuschnitts entstanden dort zuerst in Frankreich, England und Spanien im Lauf des 18. Jahrhunderts.

Wie noch heute bestand bisweilen ein gleitender Übergang von diplomatischer Informationsbeschaffung zur Spionage. Diplomaten konnten sich aber nicht nur damit in ihrem Gastland unbeliebt oder sogar strafbar machen. Dann griff in der Regel das vom Römischen wie vom Kanonischen Recht festgehaltene Prinzip der diplomatischen Immunität, bei dem höchstens strittig war, wie weit auch das Personal einer Gesandtschaft unter dessen Schutz stand.

Diplomatie verdankt, wie gesagt, ihre Entstehung einer Stabilisierung der Instabilität von Staatenbeziehungen, die es nur in Europa gegeben hat. Als die Bestandteile des europäischen Mächtesystems im 18./19. Jahrhundert zu modernen Staaten wurden, hatte es eine beträchtliche Stabilität erreicht. Ein solches System lässt sich nicht von einer übergeordneten Instanz steuern, nicht einmal vom Konsens seiner Mitglieder, weil dieser nicht mit Zwang durchgesetzt werden kann und stets nur auf Widerruf existiert. Das klassische europäische Mächtesystem funktionierte viel eher wie ein Markt. Es handelte sich in der Tat um einen Machtmarkt mit heftiger Konkurrenz. Denn es gab kein Machtmonopol, sondern ein Oligopol der Großmächte Frankreich, Großbritannien, Österreich, dazu seit ca. 1700 Russland und seit 1763 Preußen. Spanien war im 17. Jahrhundert ausgeschieden. Seit dem Frieden von Utrecht 1713 bekannte sich das Oligopol der Mächte ausdrücklich zum Prinzip des Gleichgewichts.

Wenn dynastische Zwischenfälle wie das Aussterben eines Herrscherhauses oder ein Erbfall, bei dem man Ansprüche anmelden konnte, die Begehrlichkeit eines ehrgeizigen Herrschers weckten, konnten Kriege ausbrechen, weil übermäßige Gewinne einer Macht von den übrigen nicht geduldet wurden. Ein Präventivkrieg zur Verhinderung einer Gleichgewichtsverletzung galt geradezu als gerechter Krieg. Aber diese Kriege waren ausschließlich von machtpolitischen Interessen bedingt und bar jeder Ideologie. Das konfessionelle Zeitalter war vorüber, und das nationale hatte noch nicht begonnen.

Begrenzte Kriegsziele und Druck der Kriegskosten führten oft dazu, dass schon zu Beginn des Konfliktes Friedensfühler ausgestreckt und Vermittler in Anspruch genommen wurden. Außerdem hatte die Diplomatie das Friedenschließen allmählich zu einer hohen Kunst entwickelt, wobei spätestens seit den 1648 abgeschlossenen Westfälischen Friedensverhandlungen in Münster und Osnabrück die Friedensbedingungen auf multilateralen Kongressen ausgehandelt wurden. Man lernte sogar, diese erfolgreich zur präventiven Kriegsvermeidung einzusetzen.

Allerdings konnte dabei das Feilschen der Großmächte nach dem Konvenienz- und Kompensationsprinzip durchaus zu Lasten Dritter gehen. Wenn es passte (*convenit*), wurden Länder nach Belieben vergeben, was dann wieder Ausgleichsansprüche Anderer hervorrief. Mit Rücksicht auf das Gleichgewicht war dabei die Existenz schwächerer Staaten in der Regel nicht bedroht. Doch als es passte, zierten sich die Großmächte nicht: Polen wurde aufgeteilt und verschwand 1795 von der Landkarte.

Wurde damit das Völkerrecht verletzt? Das hängt davon ab, was man darunter verstehen will. Der antiken Tradition folgend galten als Völkerrecht jene Rechtsgrundsätze, die es bei allen Völkern gab. Damit rückte Völkerrecht in die Nähe des Naturrechts, hätte es nicht auch positives gemeinsames Recht gegeben, etwa die damalige Rechtmäßigkeit der Sklaverei, die aus dem Naturrecht nicht abzuleiten war, oder Verträge zwischen verschiedenen Völkerrechtssubjekten. Aber diesem positiven Völkerrecht fehlten entscheidende Wesensmerkmale von Recht, nämlich ein Gesetzgeber, ein Richter und eine Zwangsgewalt, die allgemein anerkannt gewesen wären. Daher gab es für Thomas Hobbes und John Locke kein Völkerrecht; zwischen den werdenden Staaten herrschte der Naturzustand des Krieges aller gegen alle.

Francisco Suárez, Hugo Grotius, Christian Wolff und der Klassiker des modernen Völkerrechts Emer de Vattel 1758 deuteten die Realität des inzwischen entstandenen Staatensystems auf andere, zukunftsträchtigere Weise. Für sie steht das positive Vertrags- und Gewohnheitsvölkerrecht im Mittelpunkt, dessen Grundsätze allerdings mittels der Vernunft aus dem Naturrecht abgeleitet werden können. So gehört z. B. das Prinzip, dass Verträge einzuhalten sind, bereits zum Naturrecht. Die Existenzberechtigung eines unabhängigen Polen wurde daraus aber nicht abgeleitet, denn nationales Selbstbestimmungsrecht gab es noch nicht.

3. Ancien Régime, Revolution, Ideologie

Auch wenn der Aufstieg des modernen Staates ein gerichteter Prozess mit eindeutiger Tendenz gewesen ist, so hat er dennoch alles andere als kontinuierlich stattgefunden. Es hat Krisen und Rückschritte gegeben, unterschiedliches Entwicklungstempo in verschiedenen Ländern und auf verschiedenen Feldern, aber auch Entwicklungsschübe von manchmal geradezu dramatischem Charakter.

Der bei weitem wichtigste politische Wachstumsschub der europäischen Geschichte wurde von der Französischen Revolution ausgelöst. Marxistisch inspirierte Historiker haben ihr früher zu Unrecht die totale Veränderung von Wirtschaft, Gesellschaft und Kultur zugeschrieben. Es kann jedoch kein Zweifel daran bestehen, dass die Revolution europaweit einen gründlichen Wandel der politischen Institutionen und der politischen Kultur hervorgebracht hat.

Allerdings wurde schon früh darauf hingewiesen, dass manche Neuerungen der Revolutionszeit in Frankreich auf Errungenschaften des Ancien Régime aufbauen: die Zentralisierung des Landes, die Schulung von Technikern und Offizieren, die Modernisierung der Bürokratie, die staatliche Kontrolle der Kirche und anderes mehr. Aber das kann gar nicht anders sein, weil die Revolution nur an der Oberfläche ein blutiger Bruch mit der Vergangenheit gewesen ist, ihrer Tiefenstruktur nach aber nichts als ein gewaltiger Wachstumsschub der Staatsgewalt!

Gegen Ende des Ancien Régime waren wichtige Länder Europas von den elementaren Eigenschaften moderner Staatlichkeit nach Georg Jellinek und Max Weber nicht mehr weit entfernt. In Gestalt der Monarchie und ihrer Behörden dominierte die zentrale Staatsgewalt. Sie war unbestritten souverän und hatte dank gesteigerter Kontrolle über die Machtmittel und Verstaatlichung der Streitkräfte ihr äußeres Gewaltmonopol vollständig, das innere weitgehend realisiert. Die Vereinheitlichung des Rechts und die Verstaatlichung der Justiz waren weit fortgeschritten. Demgemäß war die Zugehörigkeit zum staatlichen

Untertanenverband für die Bevölkerung wichtiger geworden als der Besitz der weiter bestehenden ständischen Sonderrechte. Auch das Territorium mochte immer noch seine traditionelle bunte Gliederung aufweisen, faktisch war es ebenfalls weitgehend vereinheitlicht. Die äußeren Landesgrenzen hingegen hatten an Trennschärfe gewonnen.

Den letzten Schritt, der fast überall noch fehlte, tat die Revolution, aber sie tat noch viel mehr. Die Abschaffung der Ständegesellschaft bedeutete den Anfang der gesellschaftlichen Modernisierung Europas, die allerdings erst mit der Gleichberechtigung der Frau in jüngster Zeit ihr Ziel erreichen sollte. Die neue politische Gleichberechtigung lief aber dialektisch zugleich auf weiteres Wachstum der Staatsgewalt hinaus, denn die Nivellierung der Untertanen wurde damit vollendet. Der Mensch, genauer der Mann, kam nicht mehr als Mitglied eines Haushalts, einer Korporation, einer Gemeinde, eines Standes mit der Staatsgewalt in Kontakt, sondern wurde als Individuum staatsunmittelbar. Damit ließ sich die Vorstellung einer politischen Nation von wenigen Privilegierten auf das gesamte, politisch zu mobilisierende Volk ausweiten.

Die weiterlebenden Korporationen und die neuen Vereine wurden zur Privatangelegenheit, denn sie gehörten zur nunmehr vom Staat unterschiedenen «bürgerlichen Gesellschaft». Auf der anderen Seite entstand auf dem Umweg über die nivellierte Untertanengesellschaft die neue Figur des «Staatsbürgers», ein Begriff, der jetzt die gesamte politische Bevölkerung umfasste, während das Wort «Bürger» sich bisher jeweils nur auf eine bestimmte Stadt bezogen hatte. Die Bürgergemeinde einer privilegierten Minderheit verwandelte sich in die Einwohnergemeinde, in der jeder Staatsbürger, der zufällig dort wohnt, dieselben Rechte hat.

Staatsunmittelbarkeit des Individuums bedeutete nämlich auch unmittelbaren Zugriff der Staatsgewalt auf den Einzelmenschen, konkret die Ersetzung aller Zwischengewalten durch eine reorganisierte staatliche Verwaltung, die den letzten Untertan erfassen konnte. Kommunale Selbstverwaltung wurde allmählich auf staatliche Auftragsverwaltung reduziert, lokale

Adelsherrschaft verschwand völlig. Stattdessen entstand eine Regional- und Lokalverwaltung aus standardisierten Einheiten. Die neuen Departements der Französischen Revolution sollten zunächst sogar quadratisch sein und nur durch ihre Nummer unterschieden werden.

Generell wurde das Kollegialprinzip in der Verwaltung durch das hierarchische Direktorialprinzip ersetzt, die bunte Vielfalt der zentralen Kollegien demgemäß durch moderne Fachministerien, wie sie in England, Frankreich und Spanien schon im 18. Jahrhundert entstanden waren, aber damals eben, wie im Ancien Régime üblich, neben anderen, älteren Institutionen, die nun der konsequenten Rationalisierung des Apparats weichen mussten.

Österreich und Preußen waren die europäischen Vorreiter bei der Einrichtung des modernen Berufsbeamtentums, das im Gegensatz zur bisherigen Amtsträgerschaft auf der konsequenten Anwendung folgender Grundsätze beruht: 1. abstrakter Staatsdienst statt personaler Fürstendienst, 2. Gleichheit des Zugangs zu Ämtern für alle Bürger, 3. gesteigerte Ansprüche an Professionalität und Einsatzbereitschaft der Beamten, was beides durch Leistungsprüfungen gesichert werden sollte, 4. landesweite Vereinheitlichung der Beamtenhierarchie und Besoldung sowie der administrativen Vorgehensweise. Letzteres bedeutete einen weiteren Schritt zum Rechtsstaat, nachdem Recht und Justiz ebenfalls völlig verstaatlicht worden waren.

Die Beschränkung der Monarchie durch parlamentarischen Konstitutionalismus oder ihre Verdrängung durch eine demokratische Republik nehmen sich nur auf den ersten Blick als Begrenzung der Staatsmacht zugunsten der Bürger aus. Dass es sich in Wirklichkeit um die Einleitung ihrer letztmöglichen Steigerung handelte, ergibt sich aus der Argumentation des Jean-Jacques Rousseau, nach der ein politischer Mensch dann frei ist, wenn er als Untertan nur Gesetzen gehorchen muss, die er sich als Bürger selbst gegeben hat. Diese Volkssouveränität ist ebenso fiktiv wie die britische, wo das Parlament sich in der Tradition der Ständevertretungen zum Souverän erklärt. Die Staatsgewalt vermag sich auf diese Weise selbst zu legitimieren, ihre traditionelle Begrenzung durch Fremdlegitimation geht verloren. Gott, die Natur oder auch nur die Idee der Gerechtigkeit spielen keine Rolle mehr, wo die Staatsgewalt selbst in letzter Instanz entscheidet, was Recht ist und was ihre Befugnisse sind.

Der Staat ist Selbstzweck geworden. Dass der Bürger diesen neuartigen Sachverhalt bejaht und sich mit ihm identifiziert, bisweilen mit der Bereitschaft zur Hingabe von Gut und Blut, ist freilich weniger der Ideologie demokratischer Partizipation zu verdanken als der damit zusammenhängenden Ideologie des Nationalismus, den die Französische Revolution erstmals in breitem Umfang entbunden hat. Auf hochemotionale, quasi-religiöse Weise identifiziert sich der Bürger mit der Nation als seinem politisch handelnden Volk, die auch ihm zum Selbstzweck wird – zum Nutzen der Staatsgewalt, die als handelnde Nation drapiert ungeahnte neue Ansprüche an ihn stellen kann.

4. Vom Machtstaat zum totalen Staat

Nation und Religion

Die Lebenslüge des Nationalismus ist die Vorstellung, Nationen seien natürliche und uranfängliche Gebilde, die wie der Staat angeblich schon immer da waren. Für Johann Gottfried Herder, den Vater des nationalen Diskurses, waren die Nationen Gedanken Gottes mit je besonderer Stellung in der Weltgeschichte wie die Staaten für Leopold Ranke. Die Folge war unter anderem ein nationales Geschichtsbild mit fiktiven Vorfahren: Galliern, Germanen, Sarmaten und dergleichen. Im Bedarfsfall schreckte man vor Geschichtsfälschung nicht zurück. Zwar gingen davon auch Impulse für die Entwicklung der Geschichtswissenschaft aus, aber auf der anderen Seite hat diese deshalb bis heute überall einen subtil-nationalistischen Charakter behalten.

Von besonderer Bedeutung war in diesem Zusammenhang der Besitz einer gemeinsamen literarischen Tradition, wo diese fehlte, wenigstens einer gemeinsamen nationalen Sprache, die im Bedarfsfall konstruiert wurde wie das Rumänische oder das

Neu-Hebräische Israels. Das Serbo-Kroatische als Sprache einer konstruierten jugoslawischen Nation zerfiel nach deren Ende umgehend in Serbisch und Kroatisch.

Denn in Wirklichkeit sind Nationen Konstrukte, die an gemeinsame Abstammung, Sprache, Religion, Territorium anknüpfen, vor allem aber an gemeinsame Geschichte mit allen Gefühlen, die sich daraus ergeben. Ihre Angehörigen werden deshalb durch gegenseitige Sympathie zusammengehalten, die sie für andere Menschen nicht empfinden, denen sie stattdessen mit Abneigung begegnen. Eine Nation wird durch den Willen zusammengehalten, diese historische Solidargemeinschaft fortzusetzen. *Das Dasein einer Nation ist ein tägliches Plebiszit … Nationen sind nichts Ewiges. Sie haben einmal angefangen, sie werden enden* (Ernest Renan 1882).

Nationalismus ist demnach ein Symbolsystem, das einer Gruppe von Menschen ihre Zusammengehörigkeit bewusst macht, ihr einen besonderen Wert zuschreibt und sie auf diese Weise integriert und gegen ihre Umwelt abgrenzt. Integraler Nationalismus, wie er seit 1900 ausdrücklich proklamiert wurde, liegt vor, wenn die Nation den höchsten Wert und letzten Sinn darstellt. Nationalismus wird auf diese Weise zur Religion. Die Französische Revolution errichtete Altäre des Vaterlands, der christliche Märtyrer wurde vom nationalen Märtyrer abgelöst, nicht zuletzt vom Soldaten, der für Volk und Vaterland gefallen war und im Grabmal des unbekannten Soldaten geehrt wurde. Der Krieg wurde auf diese Weise wirkungsvoll emotional aufgewertet, auch wenn sich seine machtpolitischen Ursprünge wenig verändert haben mochten.

Statt der Kirche wird die Nation als Gemeinschaft der Lebenden, der Toten und der Ungeborenen zu einer profanen Transzendenz. Auf dieser religiösen Qualität beruht die unvergleichliche Fähigkeit des Nationalismus zur emotionalen Mobilisierung, die nur der religiösen vergleichbar ist. Das kann darauf zurückzuführen sein, dass die Nation die Stelle einer Kirche einnahm, die im Zuge von Modernisierung und Säkularisierung zerfiel. Nationalismus ist allerdings nicht die einzige neue politische Religion dieser Art. Neben Faschismus und Kommunismus könnte man heute den Glauben an den Markt oder sogar den Fußball nennen (Moshe Zimmermann).

Allerdings ist auch die Konvergenz von Nationalismus und herkömmlicher Religion möglich, vor allem wenn Religion die Abgrenzung von anderen Großgruppen ermöglicht. Als Erbe des konfessionellen Zeitalters spielte in Europa der Protestantismus für Großbritannien, Schweden oder Preußen, der Katholizismus für Spanien, Polen oder Bayern eine derartige Rolle. Demgemäß brachte das 19. Jahrhundert ein neues, verschärftes Staatskirchentum mit sich, denn die Kirchen waren immer noch wichtig genug, um ihre politische Kontrolle im Dienste nationaler Identitätsstiftung sinnvoll erscheinen zu lassen. Die nationalistische Kriegspropaganda der christlichen Kirchen im Ersten Weltkrieg spricht in dieser Hinsicht Bände. Die Staaten mischten sich zwar in der Regel in das Innenleben der Kirchen auf ihrem Territorium nicht ein, bestanden aber unnachsichtig auf ihrer Hoheit über die Institutionen und das Personal.

Ungeachtet heftiger Konflikte bis hin zum preußischen Kulturkampf führte dies im katholischen Bereich paradoxerweise zu einem Machtgewinn des Papsttums, weil es nach der Zerstörung der machtvollen deutschen Reichs- und französischen Nationalkirche nur noch mit den Staaten zu tun hatte und sich, abgesehen vom Konflikt mit dem laizistischen Frankreich, in Verträgen (Konkordaten) mit diesen einigen konnte, langfristig meist zum eigenen Vorteil. Heute sind die Reste des katholischen Staatskirchentums auch in Italien und Spanien verschwunden, während die protestantischen Staatskirchen infolge ihrer weniger dramatischen Geschichte in England und Skandinavien weiter existieren.

Anders sieht es im nachkommunistischen Ost- und Südosteuropa aus, wo nationale Orthodoxien einen beträchtlichen Aufschwung erleben. Eine nationale Kirche bildete zusammen mit einer nationalen Monarchie bereits die Grundlage europäischer Staatsnationen wie England, Frankreich oder Kastilien. Wo der gemeinsame Staat fehlte wie in Deutschland oder Italien, kam es zur Bildung verspäteter Nationen mit besonderer emotionaler Instabilität. Doch in jedem Falle kam dem nationalen Staat oder seinen Vorläufern für die nationale Integration eine Schlüsselfunktion zu.

Auch die so genannten «Kulturnationen», die besonders im Osten und Südosten Europas auftraten, hatten nichts anderes im Sinn, als Staatsnationen zu werden. Dabei lief die nationale Bewegung nach einem gemeinsamen Muster ab. Zunächst produzierten wenige Intellektuelle grundlegendes Wissen über die «nationale» Kultur. Dann betrieben politisch engagierte Intellektuelle auf dieser Grundlage nationalistische Agitation, die schließlich in eine nationale Massenbewegung mündete (Miroslav Hroch).

In postkolonialen Staaten hingegen war meistens keine gemeinsame Kultur und Geschichte vorhanden. Auch Fiktionen oder sogar Fälschungen halfen oft nicht weiter. Der einzige gemeinsame Nenner war die ehemalige Kolonialherrschaft, die das Territorium geschaffen und seine inhomogene Bevölkerung zusammen gezwungen hatte. Nur durch den gemeinsamen Kampf gegen diese Kolonialherren, durch gemeinsame Gewalt, gemeinsames Töten und Sterben konnten die Kolonisierten zu einer Nation verschmolzen und von ihren bisherigen Herren getrennt werden. Das Ergebnis dieser gewalttätigen Nationsbildung hat sich allerdings häufig als besonders brüchig erwiesen.

Denn der geschlossene Nationalstaat als politisches Standardmodell der Moderne seit der Französischen Revolution ist nichts anderes als eine Fiktion. 1971 hatten von 132 untersuchten Staaten nur 12 (9,1%) ein zu mindestens 90% einheitliches Staatsvolk. In allen anderen lebten mehr als 10% nationale Minderheiten, die in 39 von ihnen (29,5%) sogar über 50% der Bevölkerung ausmachten. Theoretisch gibt es nur Nationalstaaten, praktisch aber fast nur multinationale Staaten. Alle brutalen Vereinheitlichungsoperationen des nationalistischen 20. Jahrhunderts haben daran wenig zu ändern vermocht. Offensichtlich ist es höchste Zeit, sich vom unrealistischen Modell des Nationalstaates zu verabschieden.

Verfassung und Demokratie

Das neue Direktverhältnis eines Volkes politischer Individuen zum Staat bedurfte der rechtlichen und organisatorischen Regelung, während sich ein von Zwischengewalten strukturiertes Gemeinwesen gewohnheitsmäßig von selbst reguliert hatte. Eine solche auf Dauer gestellte Regelung nach dem Vorbild der unabhängig gewordenen ehemaligen britischen Kolonien Nordamerikas wurde «Constitution» genannt, später auf Deutsch «Verfassung». Eine moderne Verfassung ist in einer einzigen Urkunde schriftlich niedergelegt, geht theoretisch vom Volk aus und bleibt für die Inhaber der Staatsgewalt deshalb unverfügbar, regelt die Regierungsform und garantiert die Grund- und Menschenrechte.

Allerdings versuchten Europas Monarchen, vor allem die deutschen, soweit sie sich nach der Niederlage Napoleons überhaupt auf Verfassungen einließen, diese auf bloße Regelung der Regierungsform zu beschränken. Grundrechte fehlten zunächst in der Theorie wie in der Praxis. Nichtsdestoweniger waren auch solche Verfassungen letztlich revolutionären Ursprungs und liefen auf eine politische Rationalität hinaus, die das Ancien Régime so nicht gekannt hatte.

Nach dem so genannten «monarchischen Prinzip» (Friedrich Schlegel) blieb der Monarch Inhaber der gesamten Staatsgewalt, die er daher auch wieder an sich ziehen konnte. Er delegierte aber im Sinne von Gewaltenteilung die Justiz an Richter und gewährte den gewählten Vertretern des Volkes Mitwirkung an Gesetzgebung und Budgethoheit. Allerdings erhielten die meisten Parlamente nach englischem Muster zwei Kammern, um mittels Besetzung der zweiten Kammer mit geborenen oder ernannten Mitgliedern der ersten Kammer Zügel anzulegen.

Dabei war das Wahlrecht zu den Parlamenten lange Zeit sehr eingeschränkt. Bei allgemeinem gleichen Wahlrecht müssten je nach Wahlalter 40–50% der Gesamtbevölkerung Stimmrecht haben, bei Beschränkung auf die Männer, wie es im revolutionären Frankreich vorübergehend verwirklicht war, immerhin 20–25%.

Dem standen in der politischen Wirklichkeit bis 1830 folgende Zahlen gegenüber: In Dänemark, Österreich, Portugal, Russland und Spanien gab es überhaupt kein Wahlrecht. In Frankreich waren 0,5 % wahlberechtigt, in Ungarn 1 %, im neu gegründeten Belgien mit einer liberalen Musterverfassung dennoch nur 1,1 %, im noch unreformierten Großbritannien 2,1 %, in den Niederlanden 3,5 %, Norwegen 8,5 %, Schweden 9 %.

Allerdings gab es vor allem 1830 und 1848 europaweit erfolgreiche Verfassungskämpfe. Auch in Großbritannien, das bis heute keine geschriebene Verfassung besitzt, wurde das vielgestaltige Wahlrecht des Ancien Régime seit 1832 schrittweise homogenisiert und ausgeweitet. Einmal erzielte Partizipation erhöhte den demokratischen Druck weiter. Danach lagen für 1910 folgende Angaben vor: Ungarn 6,2 %, Italien 8,3 %, Portugal 12 %, Niederlande 14 %, Dänemark 17 %, Großbritannien 18 %, Schweden 19 %, Österreich, Belgien, Deutsches Reich, Spanien, Schweiz 21–23 %, Frankreich 29 %, Norwegen 33 %, Finnland 45 %. Nur Finnland hatte bereits 1906 das Frauenstimmrecht eingeführt, nach dem US-Staat Wyoming 1869 und Neuseeland 1893. Hingegen gab es jetzt in einer ganzen Reihe von Ländern wenigstens ein allgemeines Männerwahlrecht.

Im Ancien Régime waren nur Haushaltungsvorstände politisch berechtigt gewesen, Abhängige wie Frauen, Dienstboten, Arbeitnehmer und Fürsorgeempfänger blieben ausgeschlossen. Auch jetzt blieb man bei diesem Grundsatz und gewährte das Wahlrecht nach Besitz und Bildung. In Belgien gab es 1893–1919 eine zweite Stimme für Wohlhabende, eine dritte für Gebildete. In Italien blieben die zahlreichen Analphabeten des Südens bis 1912 von den Wahlen ausgeschlossen. In Essen war 1908 unter dem preußischen Dreiklassenwahlrecht der Industrielle Krupp der einzige Wähler der ersten Klasse.

Außerdem wurde das Wahlalter mit 25 Jahren meistens hoch angesetzt, bisweilen bei einer Wahlrechtsausweitung sogar erhöht. Noch restriktiver war das passive Wahlrecht. Zusätzlich wurden Abgeordnete ohne Vermögen durch das Fehlen von Diäten aus den Parlamenten ferngehalten. Belgien führte sie 1831 ein, Frankreich 1852, das Deutsche Reich 1906, Italien 1911, Großbritannien 1912.

Eine weitere Einschränkung bestand in der aus dem Ancien Régime übernommenen Praxis der offenen Abstimmung. In Frankreich war die Wahl zwar theoretisch längst geheim, praktisch aber erst ca. 1900. In Großbritannien wurde die geheime Stimmabgabe 1872 eingeführt, in Belgien 1877, Dänemark 1901, Österreich 1906, Ungarn und Preußen 1914.

Auch nach dem Vordringen des allgemeinen Wahlrechts ging es mit dem Frauenstimmrecht langsam voran. Nachdem die meisten skandinavischen Länder vorangegangen waren, löste der Erste Weltkrieg einen Schub aus: 1917 Niederlande und Russland, 1918 Deutschland, Österreich, Polen, Schweden, Tschechoslowakei, 1920 USA, 1928 Großbritannien, 1931 Spanien, 1934 Türkei, aber erst 1944 Frankreich, 1971 Schweiz.

Im 20. Jahrhundert setzte sich überall in Europa die auf Volkssouveränität gegründete parlamentarische Demokratie durch. Wo die Monarchie erhalten blieb, ist sie auf eine Art erbliche Präsidentschaft mit nützlichen Theaterstaatseffekten reduziert. Auch die faschistischen und kommunistischen Diktaturen haben die demokratischen Formen äußerlich weitgehend respektiert.

Da nunmehr die parlamentarische Legislative in den Mittelpunkt der Politik gerückt und die Exekutive von ihr abhängig und ihr verantwortlich war, musste sich auch die Rolle der Minister ändern. Nachdem sie ursprünglich für ihr Ressort direkt mit dem Monarchen verkehrt hatten und nur im strafrechtlichen Sinn für ihr Tun verantwortlich waren, bürgerte sich jetzt ihre politische Verantwortlichkeit gegenüber dem Parlament ein. «Falsche» Politik führte künftig zu Amtsverlust. Vor allem aber war es jetzt erforderlich, dass die Minister als Kabinett unter der Führung eines Premierministers nach britischem Muster gemeinsam parlamentarische Politik machten.

Weil parlamentarische Politik in erster Linie Mehrheitsbeschaffung bedeutet, führte diese Entwicklung zum Aufstieg der Parteien. Zunächst galt allerdings immer noch wie im Ancien Régime Einmütigkeit als politisches Ziel, Konflikt als unmoralisch, «Partei» demgemäß als Synonym für schmutzige Intrigen, die Partikularinteressen über das Gemeinwohl stellen. Die radikalen französischen Jakobiner wie der stockkonservative Deutsche Bund waren sich in der Ablehnung von Parteien einig. Erst nach der Mitte des 19. Jahrhunderts wurden sie akzeptiert und für den parlamentarischen Prozess unentbehrlich. Das deutsche Grundgesetz hat erstmals sogar ausdrücklich festgeschrieben, dass demokratische Politik heute Parteipolitik geworden ist, weil es Aufgabe der Parteien ist, den Volkswillen organisiert ins Parlament zu vermitteln. Allerdings sind die Parteien erst im 20. Jahrhundert Massenorganisationen geworden, im neunzehnten handelte es sich eher um Honoratiorenclubs wie ihr Vorbild, die britischen Whigs und Tories des 18. Jahrhunderts.

Demokratische Partizipation der Massen braucht sich freilich nicht auf Parlamentarismus zu beschränken, existiert doch seit der Französischen Revolution die landesweite Volksabstimmung als Inbegriff direkter Demokratie. Dort wurde das Plebiszit zunächst zur Legitimation von Annexionen, dann zur Verabschiedung neuer Verfassungen benutzt, eine Tradition, die noch im 20. Jahrhundert weiterlebte. In der Schweiz ist das Referendum seit 1874 fester, in der 5. Republik Frankreichs seit 1958 gelegentlicher Teil des politischen Lebens. Anderswo wird es nur selten genutzt, in Deutschland ist es geächtet. Denn nicht nur Napoleon I. und III. haben verschiedene Etappen ihrer Alleinherrschaft durch Volksabstimmung absegnen lassen, auch Mussolini und vor allem Hitler haben sie vor dem Zweiten Weltkrieg gerne benutzt, um ihrer Herrschaft dadurch die demonstrative Zustimmung der Volkes zu verschaffen, dass sie ihm populäre Maßnahmen zur Abstimmung vorlegten.

In solchen Fällen dient das emotional besetzte Plebiszit dazu, der charismatischen Herrschaft eines außergewöhnlichen politischen Führers die nötige Legalität zu verleihen. Charles de Gaulle versuchte es 1958 erneut in diesem Sinn zu nutzen. Der inzwischen vom Fernsehen vermittelte Direktkontakt zwischen dem charismatischen Präsidenten und der Gesamtheit des Volkes bildete für ihn die wichtigste Grundlage seiner Präsidialrepublik. Als er nach der Krise von 1968 das Referendum von 1969 verlor, war er daher konsequent genug zurückzutreten. Seine weniger charismatischen Nachfolger hüten sich allerdings, diesem Beispiel zu folgen.

Steuerstaat, Kriegsstaat, Sozialstaat

Einer der wichtigsten Hebel für die Durchsetzung des parlamentarischen Systems gegen das monarchische Prinzip war das Budgetrecht. Auf der anderen Seite erlaubte der enorme Zugewinn an Identifikation der Untertanen mit demokratischen und nationalen Regimes der neuen Staatsmacht aber auch Ressourcenabschöpfung in einem Umfang, von der Monarchen nur hätten träumen können. Die Monarchie hatte zunächst finanzpolitische Schübe bewirkt, sich dann aber als Sackgasse erwiesen. Die Zukunft gehörte elaborierteren Konsensverfahren.

Finanzpolitisch modern ist eine Gesellschaft, wo der geldwirtschaftliche Sektor dominiert, Notenbanken die Geldausgabe durchführen und die Wirtschaft über die Organisationsform der Aktiengesellschaft mit beschränkter Haftung verfügt. Daraus ergibt sich die Ausweitung von Geldumlauf und Kreditvolumen. Dieser Stand der Dinge wurde erst im 19. Jahrhundert erreicht, aber Großbritannien hatte sich ihm schon vorher beträchtlich genähert, mit der Folge eines fast unerschöpflichen Staatskredits als politischem Wettbewerbsvorteil.

Englische Errungenschaften wie legislative Kontrolle, einheitliches Budget, fundierte Schuld, Zentralbank, professionelle Finanzverwaltung wurden seit der Französischen Revolution europaweit nachgeahmt, nicht nur, weil man ihre Vorzüge erkannte, sondern weil infolge kriegsbedingter Finanzkrisen häufig gar nichts anderes übrig blieb.

Finanzpolitische Modernisierung bedeutete Verlagerung der Besteuerung von der Landwirtschaft zum Außenhandel und schließlich zum Konsum aller Untertanen. Noch im 19. Jahrhundert waren daher indirekte Steuern auf Güter des täglichen Bedarfs und Zölle immer noch die wichtigste Einnahmequelle. In England erbrachten sie bis 1840 drei Viertel, bis 1875 zwei

Drittel der Staatseinnahmen, in Frankreich und im Deutschen Reich spielten sie noch 1914 eine zentrale Rolle.

Doch der letzte und entscheidende Schritt führte zur Besteuerung aller Nettoeinkommen auf der Grundlage der bisher unbekannten allgemeinen Steuerpflicht. Deren Inbegriff, die «demokratische Steuer» schlechthin, wurde die zwischen 1850 und 1914 in allen größeren europäischen Ländern trotz Widerstand eingeführte progressive Einkommensteuer. Im Zeichen massendemokratischen Drucks erschien eine milde Umverteilung von oben nach unten zur Beruhigung der Unterschichten vertretbar und zweckmäßig.

Zugleich wurde der Staatskredit nach englischem und französischem Muster in ein einheitliches zentralisiertes Staatsschuldenwesen öffentlichen Rechts mit einheitlicher Fundierung auf staatliche Einkünfte verwandelt. Die Staatsschuldentitel wurden außerdem kommerzialisiert, d.h. an die Stelle der bisherigen Kreditgeber trat der Wertpapiermarkt, auf dem die großen Staatsanleihen im 19. Jahrhundert von Privatbanken wie dem Haus Rothschild gewinnbringend platziert wurden.

Darüber hinaus eröffnete die nunmehr allgemeine Verbreitung staatlichen Papiergelds ganz neue Möglichkeiten zur inflationsträchtigen Geldvermehrung mit der Notenpresse. Unter anderem hat Deutschland im Zweiten Weltkrieg von dieser Finanzierungsmöglichkeit Gebrauch gemacht.

Die beiden Weltkriege und die Ausweitung der Staatsaufgaben im 20. Jahrhundert führten zu einer Explosion staatlicher Ressourcenabschöpfung. Während der Spitzensatz der Einkommensteuer in Preußen 1891 bei 4% lag, belief er sich in der Bundesrepublik Deutschland 1975 auf 56%. Der Anteil der Staatsausgaben am Bruttosozialprodukt hatte mit steigender Tendenz 1913 in Frankreich 9,7% erreicht, in Großbritannien 7,1%, im Deutschen Reich wegen der forcierten Aufrüstung 15%. 1974–1976 war er im Durchschnitt der OCED-Länder auf 41,4% gestiegen; seither dürfte er 50% hinter sich gelassen haben. Versuche zur Reduzierung sind bisher nicht eben erfolgreich verlaufen.

Die kriegswirtschaftliche Mobilisierung im Ersten Weltkrieg

führte zur Lenkung der Wirtschaft durch den Staat. Wegen der Bewältigung der Kriegsfolgen und der Weltwirtschaftskrise 1929 konnten sich die Regierungen danach nicht mehr von dieser Aufgabe zurückziehen. Seither sind die staatliche Verantwortung für die Wirtschaft und eine wirtschaftstheoretisch legitimierte Wirtschaftspolitik zur Selbstverständlichkeit geworden. Neu entstandene Wirtschaftsministerien beanspruchen dasselbe Gewicht wie die klassischen Ressorts.

Wirtschaftspolitik in diesem Sinn hatte es vorher kaum gegeben, allenfalls Maßnahmen zur fiskalischen Einnahmenmaximierung und zur Ausschaltung ausländischer Konkurrenz, wie wir sie unter dem Begriff «Merkantilismus» zusammenfassen. Hingegen gab es in den Städten des Mittelalters und den Monarchien der frühen Neuzeit eine Fülle von ordnungs- und z. T. auch sozialpolitischen Maßnahmen mit Auswirkungen auf Handel und Gewerbe.

Aber auch das liberale 19. Jahrhundert, das bereits das Heil von der größtmöglichen marktwirtschaftlichen Freiheit erwartete, konnte auf derartige Regelungen nicht verzichten, im Gegenteil, die höhere Komplexität der industriellen Wirtschaft und Gesellschaft machte sie unentbehrlicher denn je, auch und gerade in Großbritannien, wo sich Liberale schon 1894 über den «Interventionsstaat» beschwerten. Auch die schärfste neo-liberale Wirtschaftspolitik unserer Gegenwart, die in vieler Hinsicht zum 19. Jahrhundert zurückkehrt, ist aktiv gestaltende Politik mit massiven Eingriffen in Wirtschaft und Gesellschaft und kein passives Gewährenlassen der Wirtschaftskräfte im Sinne eines «Nachtwächterstaates», den es nie gegeben hat.

Im Zweiten Weltkrieg lagen die Militärausgaben 1941 in Deutschland und England knapp unter zwei Dritteln des Bruttosozialprodukts. Denn das Kriegswesen hatte seit der Französischen Revolution enorme qualitative und quantitative Fortschritte gemacht, die mit exorbitanten Kosten zu Buche schlugen.

Napoleons Erfolge beruhten auf der Verbindung der Professionalität der alten Berufsarmee mit dem nationalen Enthusiasmus eines Volkes in Waffen, die ganz neue taktische Möglichkeiten eröffnete. Der Soldat der allgemeinen Wehrpflicht, die nun überall eingeführt wurde, brauchte nicht mehr von seinen Offizieren in die Schlacht geprügelt zu werden. Eine ganz neue Kriegsbegeisterung machte sich breit, die bis weit ins 20. Jahrhundert weiterleben sollte. Statt im «faulen Frieden» zu verkommen, sollte die Nation erzogen von reinigenden «Stahlgewittern» (Ernst Jünger) zum Opfermut als ihrer höchsten Tugend finden.

Damit standen der Staatsgewalt und ihrer militärischen Führung unglaubliche Machtmittel zur Verfügung. Nachdem die friedliche erste Hälfte des 19. Jahrhunderts von neuen Mächtekonflikten abgelöst worden war, zeichnete sich alsbald der «absolute Krieg» (Carl von Clausewitz) ab, der mit der gesamten nationalen Energie und dem Ziel eines totalen Sieges geführt wird. Die Massenarmeen der allgemeinen Wehrpflicht waren nur noch Stellvertreter der Krieg führenden Nationen, so dass es nahe lag, die Nation selbst zu treffen, wenn man siegen wollte. Die Geburtenrate erhielt nationalpolitische Bedeutung, und die Werte und Normen der militärischen Subkultur drangen nicht nur in Preußen in die Gesellschaft ein.

Die Eisenbahn erlaubte die rasche Verschiebung der Truppenmassen und ihre bessere Versorgung, der Telegraf ihre effektivere Führung mit der wissenschaftlichen Rationalität der Generalstäbe. Zu neuartigen Infanteriegewehren und Maschinengewehren kam eine Entwicklung der Artillerie, die sie zur entscheidenden Waffe auf dem Schlachtfeld machte. Die ungeheueren Kosten wurden nur noch von denen der inzwischen hoch technisierten Kriegsschiffe übertroffen. Seit dem Ersten Weltkrieg fand eine rasche Entwicklung der Luftwaffe einerseits, der Panzerwaffe andererseits statt.

Die Völker hatten gelernt, sich mit ihrer Nation zu identifizieren, und mussten in den beiden Weltkriegen lernen, dass deren Existenz angeblich vom siegreichen Kampf gegen andere Nationen abhing. Damit wurden die totale Mobilisierung aller Ressourcen der Gesellschaft und das jahrelange Ertragen von Hunger und anderen Leiden möglich. Denn die Ermattungsstrategie schloss nicht nur eine Wirtschaftsblockade, sondern direkte

Terrorangriffe gegen die feindliche Zivilbevölkerung ein, die in den Atombomben auf Hiroshima und Nagasaki kulminieren sollten.

Nach dem Zweiten Weltkrieg schien der Rüstungswettlauf der beiden Weltmächte USA und UdSSR auf Abschaffung des Krieges hinauszulaufen, denn die Atomwaffen erreichten eine Vernichtungskapazität, die ihren Einsatz sinnlos machte. Ein konventioneller Krieg kam nicht in Frage, weil im Falle der Niederlage einer Seite der Rückgriff auf Atomwaffen drohte. Trotz der ungeheueren Kosten wurden die gigantischen Militärapparate zum Selbstzweck und zusammen mit der Rüstungsindustrie zu einer der mächtigsten politischen Interessengruppen. Dennoch lief der «Kalte Krieg» nicht auf Frieden hinaus. Vielmehr fanden nach 1945 weltweit hunderte von bewaffneten Konflikten statt, gelegentlich mit Engagement der Groß- und Weltmächte, allerdings unter sorgfältiger Vermeidung der direkten gegenseitigen Konfrontation.

Nach dem Zweiten Weltkrieg kam es aber nicht nur zur Kostenexplosion des Kriegsstaates, sondern zu einer neuartigen Kostenexplosion des Sozialstaates. 1968 wurden in der Bundesrepublik Deutschland wie in Großbritannien ca. 12% der Staatsausgaben für Sicherheit und Verteidigung aufgewandt, ungefähr ebensoviel für Bildung und das Doppelte für soziale Sicherung und Gesundheit. Hier schlugen allerdings die Folgen des Zweiten Weltkriegs mit zu Buche.

Sozialpolitik hatte in spätmittelalterlichen Städten und frühneuzeitlichen Monarchien als Armenfürsorge begonnen, vor allem, wenn man sich von den Armen bedroht fühlte. Das Zuchthaus war ursprünglich ein Verwandter des Armenhauses; Fürsorge und Repression gingen Hand in Hand. Zwar hatten die radikale Jakobiner-Verfassung von 1793 und das Allgemeine Landrecht Preußens 1794 den Staat gleichermaßen zur Versorgung bedürftiger Bürger und zur Arbeitsbeschaffung verpflichtet, aber liberale Politik versuchte der allgemeinen Verarmung im 19. Jahrhundert lieber mit Eingriffen von der Art des *New Poor Law* 1836 zu begegnen. Armenunterstützung sollte weniger attraktiv als Lohnarbeit ausfallen, um die Armen auf den Arbeitsmarkt zu treiben und zu selbstverantwortlichem Handeln zu zwingen, selbstverständlich nicht zum Schaden der Arbeitgeber.

Als die Massenarmut die Versorgung der Armeen mit gesunden Rekruten gefährdete, die sozialen Probleme der Industriegesellschaft durch das Massenwahlrecht politisiert wurden und sich der häufig als Bedrohung empfundene Druck gewerkschaftlicher Selbsthilfe und der organisierten Arbeiterbewegung bemerkbar machte, wurde soziale Sicherheit für die Massen zum politischen Thema. Nach bescheidenen Anfängen anderswo schuf das Deutsche Reich 1883–1889 Pflichtversicherungen für Arbeiter und Angestellte, die von Arbeitnehmern, Arbeitgebern und mit Staatszuschüssen finanziert wurden: eine Kranken-, Unfall-, Invaliden- und Altersversicherung. Neben der neuartigen wohlfahrtsstaatlichen Korrektur der sozialen Entwicklung ging es dabei auch um die Bekämpfung der Sozialdemokratie. Allerdings beliefen sich die Renten vor 1914 auf höchstens ein Siebtel des Existenzminimums und das Rentenalter lag bei 70 Jahren, wenn viele der potentiellen Rentenempfänger bereits gestorben waren.

Bis 1915 folgten die meisten europäischen Länder dem deutschen Beispiel. In und nach dem Ersten Weltkrieg wurde nicht nur die Sozialversicherung verbessert, unter anderem 1920 in England und 1927 in Deutschland um eine allgemeine Arbeitslosenversicherung ergänzt, sondern auch das Arbeitsrecht verbessert (Achtstundentag). Nach dem Zweiten Weltkrieg folgte dann die Expansion des Sozialstaates, die 1950–1983 im westeuropäischen Durchschnitt zu einer Erhöhung der Ausgaben für soziale Sicherheit von 9% auf 25% des Bruttoinlandproduktes führte.

Sie beruhte nicht mehr nur auf der Notwendigkeit aktueller Problemlösungen, sondern auf umfassenden gesellschaftspolitischen Entwürfen, die allen Bürgern ein menschenwürdiges Existenzminimum sichern sollten oder sogar einen egalitären Umbau der Gesellschaft durch den Staat bezweckten. Dahinter spielte einerseits die Vorstellung von John Maynard Keynes eine Rolle, dass hohe Sozialleistungen zur Stabilisierung der Kaufkraft beitrügen und daher von zentraler konjunktur- wie allgemeinpolitischer Bedeutung seien. Andererseits stand dahinter die unausgesprochene Notwendigkeit, den Wählermassen zu beweisen, dass die kapitalistische Marktwirtschaft auch sozialpolitisch der aggressiven kommunistischen Alternative überlegen sei.

In diesen Zusammenhang gehört auch die staatlich betriebene Expansion des Bildungswesens, die um dieselbe Zeit ihren Höhepunkt erreichte. Im Zuge der Tendenz zur Ausweitung der Staatsaufgaben hatten so genannte aufgeklärte Monarchien wie Österreich oder Preußen schon im 18. Jahrhundert die Reform der Schulen und Universitäten in die Hand genommen und die allgemeine Schulpflicht proklamiert. Doch erst jetzt setzte sich das staatliche Bildungsmonopol überall durch, in Frankreich in heftigen Kämpfen mit dem kirchlichen Schulwesen. Gerade der französische Volksschullehrer wurde der erfolgreiche Protagonist der einheitlichen Nationalsprache und der übrigen Werte der nationalistischen Ideologie.

Der ausgereifte moderne Staat hatte als gemeinsames Fundament die emotionale Identifikation seiner Bürger mit ihm kraft des mehr oder weniger demokratischen Nationalismus. Konkret beruhte der moderne Staat auf einer dreifachen Grundlage, erstens der allgemeinen Steuerpflicht und einer nicht zuletzt zu deren Durchsetzung geschaffenen modernen Bürokratie, zweitens der allgemeinen Wehrpflicht mit der Armee als einer politischen Schule der Nation, in der nationale Werte verinnerlicht wurden, drittens der allgemeinen Schulpflicht mit einer Lehrerschaft, die allen Schülern das von der Staatsgewalt gewünschte Selbstbild der Nation, ihre Sprache und ihre Geschichte vermittelte.

Totaler Staat

Neben der Begrenzung des Staatsbegriffs auf den modernen Machtstaat europäischen Ursprungs hat die empirische Feststellung besonderes Ärgernis erregt, dass der ausgereifte Interventions- und Sozialstaat eine «weiche» Variante des berüchtigten «totalen» Staats darstelle. Selbstverständlich verbieten die Missachtung des Rechts, die Einschränkung der persönlichen Freiheit und der bedenkenlose Einsatz physischer Gewalt seitens totalitärer Regimes jede Verharmlosung des nach wie vor verbleibenden Gegensatzes. Nichtsdestoweniger stellt aber auch der moderne Interventions- und Sozialstaat ungeachtet seiner relativen Friedlichkeit und Rechtlichkeit eine totale Endstufe der Staatsgewalt dar, auch wenn sein «weicher» Zugriff weniger wahrgenommen wird als der «harte» der Totalitarismen.

Denn was immer der moderne Mensch tut oder lässt, er stößt unweigerlich auf die Zuständigkeit der Staatsgewalt, die bereits Konflikte um seine Zeugung regelt, ihm während seines Lebens Schritt für Schritt seine Rechte gewährt und entzieht, seinen Gelderwerb nicht nur durch Tarife und Arbeitszeitvereinbarungen *en detail* ordnet, gegebenenfalls seine «richtige» Gesinnung prüfen lässt sowie seine Briefe öffnet und seine Gespräche abhört, sich schließlich um die Gewinn bringende Entsorgung seines Leichnams samt Verwertung seines Zahngolds kümmert und seine Hinterlassenschaft verteilt. Zwar ist offiziell das Wohl des Bürgers der Zweck staatlicher Eingriffe, aber im Konfliktfall erweist sich der Anspruch, dem Gemeinwohl zu dienen, nicht selten als bloßer ideologischer Firnis über dem selbstreferentiellen Machtanspruch der Inhaber der Staatsgewalt.

Die höchstmögliche Steigerung politischer Partizipation durch Demokratie und die höchstmögliche Steigerung der Identifikation des Bürgers mit dem Staat als Nation erwiesen sich zugleich als Weg zur höchstmöglichen Steigerung der Staatsgewalt zum totalen Staat. Im totalen Staat gehen die totale Mobilisierung der Gesellschaft für den Staat und die unbegrenzte Kompetenz- und Machtausweitung des Staates Hand in Hand. Das Ergebnis ist eine totale Politisierung aller Lebensbereiche, die schließlich die Organisation einer totalen Herrschaft über die Seelen anstrebt.

Dieser totale Staat wurde nirgends im engeren Europa so konsequent durchdacht und durchgeführt wie im staatsfrommen Deutschland, wo schon der Philosoph Johann Gottlieb Fichte 1796/97 einen totalen Polizeistaat entworfen hatte. An Radikalität wurde das nationalsozialistische Deutschland nur von den Versuchen übertroffen, in der Sowjetunion, in China, in Kambodscha, in Nordkorea und anderswo die kommunistische Utopie zu verwirklichen.

Paradoxerweise war dieser totale Staat in beiden Varianten auf theoretische Negation des Staates gegründet. Aus der Sicht der betreffenden totalitären Bewegungen sollte der Staat sogar überflüssig werden. Ein keineswegs reibungsloser Dualismus von Partei oder Bewegung und Staatsapparat gehörte dazu. Hannah Arendt und andere haben angesichts dieses Sachverhalts und wegen ihrer eigenen Hochschätzung von Staatlichkeit den Staatscharakter totalitärer Herrschaft überhaupt bestritten. Aus der Sicht der Geschichte einer dynamisch am eigenen Wachstum arbeitenden Staatsgewalt erscheint dieser politische Manichäismus allerdings absurd. Denn totale Herrschaft trieb auch nichts anderes, als was die Staatsgewalt schon immer getrieben hatte, nur zum Extrem gesteigert.

Wenn der moderne Staat allgemein seinem Ursprung nach Kriegsstaat gewesen ist, dann nimmt es nicht Wunder, dass auch seine besonders gewalttätige totale Variante in Deutschland und Italien, in Russland und China aus Kriegen hervorgegangen ist, aus den beiden Weltkriegen und ihren Folgen sowie aus revolutionären Bürgerkriegen. Speziell im europäischen Faschismus erreichte die Ideologie des Kriegertums sogar ihren Höhepunkt.

Wenn der moderne Staat allgemein auf Fiktionen und Mythen wie der Volkssouveränität und der Nation beruht, dann nimmt es nicht Wunder, dass auch seine totalen Varianten auf pseudo-wissenschaftlich begründeten und von der Erziehung eingeprägten, in Wahrheit aber irrationalen historischen Mythen gegründet wurden, auf Rasse und charismatisches Führertum bzw. auf Klasse und eine unfehlbare Partei.

Mythos stiftet Identität. Zur Identität aber gehört Alterität. Daher braucht der totale Staat den totalen Feind und notfalls sogar den totalen Krieg. Wenn er ihn nicht mitbringt wie der nationalsozialistische Rassismus den Juden, dann muss er ihn erfinden, wie es unter kommunistischen Regimes mit der Produktion von immer neuen Klassenfeinden und Verschwörern geschah. Das war bereits mit der Formel von der «permanenten

Revolution» gemeint, mit der die Jakobiner 1792–1794 ihren Terror legitimierten. Auf reale Vergehen oder Gegnerschaft kam es dabei überhaupt nicht an, sondern nur auf die Konstruktion des totalen Feindes. Insofern war der Antisemitismus bis hin zum organisierten Massenmord kein zufälliger Exzess des nationalsozialistischen Staates, sondern ein integrierender Bestandteil dieses Regimes, wie dessen nach 1945 weiter hoch angesehener Jurist Ernst Forsthoff schon 1933 mit aller Deutlichkeit festgestellt hatte.

Die geforderte totale Identifikation mit dem totalen Staat ließ kaum noch Raum für andere Bindungen, selbst nicht solche an die Familie. Die totalitäre Weltanschauung als politische Religion duldete auch keine religiöse Konkurrenz; die Kirchen und andere Glaubensgemeinschaften wurden verfolgt oder mindestens kaltgestellt. Durch totale Vereinzelung sollte der Mensch verfügbar und formbar gemacht werden, notfalls mit zusätzlichem Einsatz von Terror. Denn Ziel aller Totalitarismen war keine neue Gesellschaft oder neue Welt, sondern ein neuer Mensch, «die Transformation der menschlichen Natur selbst» (Hannah Arendt).

In Deutschland, dem Mutterland des modernen Berufsbeamtentums, wurde darauf geachtet, dass auch Maßnahmen des nationalsozialistischen Regimes, die rechtsstaatlichen Grundsätzen Hohn sprachen, in legal korrekter Form zustande kamen und ausgeführt wurden. Auch wenn der «Führer» die Juristen verabscheute, so gab es doch in der zweiten Reihe, auch und gerade in der SS, qualifizierte Juristen und Verwaltungsfachleute, die den Terrorapparat des Regimes mit administrativer Professionalität und kalter bürokratischer Sachlichkeit betrieben.

Wenn demgegenüber der Terror in Russland und China möglicherweise weniger gut organisiert und noch willkürlicher war, dann nur deswegen, weil der Verwaltungsapparat des modernen Staates dort weniger weit entwickelt war als in Deutschland. Wir müssen darauf verzichten, die künstliche Unterscheidung von gutem Staat und bösem Nationalsozialismus bzw. Kommunismus aufrecht zu erhalten und uns der evidenten Einsicht stellen, dass das Dritte Reich Hitlers so gut wie die Sowjetunion Stalins und das China Mao Zedongs Staat gewesen ist, und zwar als totaler Staat die Extremform von Staat schlechthin. Dann erweist sich die administrative oder politisch provozierte Massenvernichtung von Menschen als die dazu passende Aktivität der aufs höchste gesteigerten Staatsgewalt!

Mächtesystem und europäische Expansion

Das «europäische Konzert» der fünf Großmächte England, Frankreich, Österreich, Preußen und Russland funktionierte zunächst auch im 19. Jahrhundert im Sinne des Gleichgewichtsprinzips, ließ aber seit dem Krimkrieg 1854–1856 auch deutliche Veränderungen erkennen. Die Einigung Deutschlands und Italiens bis 1871 bedeutete einen beunruhigenden Machtzuwachs Preußens und das Auftreten eines sechsten Großmachtanspruchs. Außerdem nahm das Mächtesystem weltweite Dimensionen an. Außereuropäische Mitspieler tauchten auf.

Die europäischen Kolonialmächte Spanien und Portugal, dann England, Frankreich und die Niederlande hatten seit dem 16. Jahrhundert koloniale Gemeinwesen in Übersee geschaffen. Dort wurden politische Vorstellungen verwirklicht, die sich im Mutterland nicht mit derselben Konsequenz durchsetzen ließen, eine nach den Maßstäben des 16. Jahrhunderts zentralisierte bürokratische Monarchie in Spanisch-Amerika, autonome Gemeinwesen der Untertanen mit teilweise utopischen Eigenschaften in Britisch-Amerika.

Seit dem Siebenjährigen Krieg wurde der Konflikt der beiden Weltmächte Großbritannien und Frankreich bereits weltweit ausgefochten. Aber die Rückwirkungen auf Europa hielten sich in Grenzen. Die Niederlage Frankreichs und die Unabhängigkeit der amerikanischen Kolonien schufen eine neue Lage, in der Welthandel und Seemacht vorübergehend beinahe zum britischen Monopol wurden. Kein Wunder, dass England unter diesen Umständen den Freihandel vertrat und Kolonien für entbehrlich hielt, außer Indien notabene.

Doch im Vorfeld Indiens stieß Großbritannien mit der russischen Kontinentalexpansion zusammen. Außerdem expandierte Frankreich wieder in Indochina und Westafrika. Diese weltpolitischen Rivalitäten wurden zwar in Gleichgewichtskategorien erörtert, ließen sich damit aber nicht bewältigen. Dazu kam der neue weltpolitische Ehrgeiz des Deutschen Reiches und Italiens, denen die Gleichgewichtsdoktrin als Instrument zur Sicherung der britischen Hegemonie erschien. Schließlich tauchten mit den USA und Japan außereuropäische Konkurrenten auf, die in das bisherige Mächtesystem nicht mehr einzufügen waren.

Im so genannten «Zeitalter des Imperialismus» im späten 19. und frühen 20. Jahrhundert teilten diese Mächte Afrika und Asien untereinander auf. In Kanada, Australien, Neuseeland und Südafrika hatten sich unterdessen aus britischen Siedlungskolonien weitere autonome Gemeinwesen entwickelt. Es gibt keinen Teil der Erdoberfläche, der nicht irgendwann unter europäischer Kolonialherrschaft stand, unter europäische Hegemonie geriet wie China, Iran und das Osmanische Reich oder mindestens europäisch-amerikanischem Einfluss ausgesetzt war wie Japan.

Das Ergebnis war die weltweite Anpassung an die europäische Kultur, ihre Wirtschaft und Wissenschaft, ihre Gesellschaft und Politik, nicht zuletzt die Übernahme des modernen Staates. Selbstverständlich konnte diese Übernahme selektiv erfolgen, wie das japanische Beispiel lehrt, wo ein moderner Verfassungsstaat mit dem Mythos des göttlichen Kaisertums kombiniert wurde. Außerdem hing in den Kolonien viel davon ab, welches Staatsmodell die Europäer jeweils exportierten, die frühneuzeitliche autoritäre Monarchie nach Lateinamerika oder das soeben erst entstandene parlamentarische System des 19. Jahrhunderts nach Kanada. In vielen Ländern lernten die Kolonisierten freilich nur Fragmente des modernen Staats kennen, weil aus Kostengründen nur die notwendigsten Einrichtungen geschaffen wurden. Dennoch bestand nie ein Zweifel daran, dass sich auch die einmal unabhängig gewordenen Kolonien für den modernen Staat entscheiden würden.

Mehrfach führte koloniale Rivalität an die Grenze eines britisch-russischen oder britisch-französischen Krieges. Aber der

Erste Weltkrieg brach in Europa aus, dessen Bündnissysteme zunächst als Ersatz für das Mächtegleichgewicht gedient, es aber letztendlich untergraben hatten. Auf dem Pariser Friedenskongress 1919 wurde die Gleichgewichtsdoktrin verabschiedet. Denn dieser letzte in der Reihe der europäischen Friedenskongresse ging nicht mehr vom Grundkonsens über den Krieg als begrenztem Konflikt beiderseits berechtigter Interessen aus, die einvernehmlich in ein neues Gleichgewicht gebracht werden sollten, sondern setzte wie einst im Mittelalter die Unterlegenen ins Unrecht, die dafür abgestraft wurden.

Auf den totalen Krieg sollte der totale Friede folgen, der auf dem nationalen Selbstbestimmungsrecht der Völker und der im Völkerbund kollektiv organisierten Sicherheit beruhen würde. Aber beide Grundsätze wurden zugleich gezielt zur Schwächung der Besiegten und zum Vorteil der Sieger eingesetzt, womit die nächsten Konflikte bereits vorprogrammiert waren. Allerdings waren das Gleichgewichtsprinzip und das Machtkartell der Großmächte als Elementarbestandteile von Politik unentbehrlich, letzteres notdürftig verschleiert im Völkerbundsrat und später im Sicherheitsrat der UNO, ersteres in der *Balance of Terror* der Weltmächte USA und UdSSR im Zeitalter des Kalten Krieges.

Auf der anderen Seite sollte sich das Modell kollektiv organisierter Sicherheit durchaus als fruchtbar erweisen. Es ist dem frühneuzeitlichen Völkerrechtsdenken ebenso verpflichtet, wie es das Erbe des klassischen europäischen Mächtesystems angetreten hat, insofern dieses zur Zähmung des Krieges immerhin die Genfer Konvention 1864/1906 und die Haager Landkriegsordnung 1899/1907 hervorgebracht hatte.

III Niedergang des modernen Staates

1. Von der Selbstlegitimation zur Delegitimation

Solange dem werdenden modernen Staat seine Fremdlegitimation, vor allem das Gottesgnadentum seiner Monarchen geglaubt wurde, war er gegen delegitimatorische Kritik immunisiert. Seit er kraft der Volkssouveränitätsfiktion legitimatorischer Selbstversorger geworden ist, steht der neuartigen Möglichkeit zur grenzenlosen Ausweitung seiner Befugnisse zugleich eine erhöhte Anfälligkeit für Delegitimation gegenüber. Es ist sicher kein Zufall, dass der moderne Anarchismus 1793 gleichzeitig mit dem modernen Staat ins Leben trat. Denn der moderne demokratische Nationalstaat lebte von der bedingungslosen Identifikation seiner Bürger mit ihm. Sobald diese schrumpft, beginnt sein Niedergang, den wir im letzten Viertel des 20. Jahrhunderts weltweit beobachten konnten. Dazu haben verschiedene Faktoren beigetragen, angefangen mit der Entmythologisierung des Staates durch die Wissenschaft, einschließlich des vorliegenden Buches, und der ständigen Entlarvung von Inhabern der Staatsgewalt durch die Massenmedien. Doch im Gegensatz zum abgeschlossenen, über tausendjährigen Aufstieg des modernen Staates hat die Geschichte seines Niedergangs eben erst begonnen und ist daher nicht leicht auf den Begriff zu bringen.

In der Bundesrepublik Deutschland erreichte das Wachstum der Staatsgewalt seinen Höhepunkt in der Gemeindereform der 1960er/70er Jahre, mit der sie die Reste kommunaler Autonomie und bürgerunmittelbarer Basisdemokratie ihrer zentralen Verfügung unterwarf. Zugleich zeichnete sich die Möglichkeit eines durch neue technische Hilfsmittel ermöglichten und durch die Bekämpfung des Terrorismus legitimierten totalen Überwachungsstaates ab. Entsprechende Tendenzen waren auch in anderen Ländern zu beobachten.

Freilich löste diese pseudodemokratische Überdehnung des Verwaltungs- und Polizeistaates vor allem in Deutschland heftige Kritik aus, die an die Erfahrungen mit dem Dritten Reich anknüpfen konnte. Nach dessen Massenmorden und dem von ihm ausgelösten Zweiten Weltkrieg mit seinen Folgen für das persönliche Leben der meisten Menschen waren auch die staatsfrommen Deutschen nicht mehr bereit, sich willig mit dem Staat zu identifizieren, sondern neigten dazu, ihn nur noch nach seiner Nützlichkeit für ihre privaten Interessen zu bewerten. Nur auf diese Weise konnte die wirtschafts- und sozialpolitisch erfolgreiche demokratische Bundesrepublik zunächst loyale Anhänger gewinnen. Es ist daher zu erwarten, dass der Verlust dieser Errungenschaften die Identifikation des Bürgers mit einem Staat, der nicht mehr durch weiter reichende Legitimation abgesichert ist, erheblich beeinträchtigen wird.

In anderen Ländern mag dieses Legitimationsdefizit aus historischen Gründen vielleicht weniger krass ausfallen. Dafür waren Deutschlands westliche Partner einem eigenen Delegitimationsschub infolge der Dekolonisation ausgesetzt, vor allem durch die Kriege in Algerien und Vietnam, wo sich westliche Staaten zum Abschluss ihrer Kolonialherrschaft oder im Zeichen ihres neo-kolonialistischen Imperialismus als Übeltäter demaskiert hatten. Der Vietnamkrieg wurde zum Auslöser der von den USA ausgehenden Revolten der 1960er Jahre, deren Träger es liebten, sich statt mit der eigenen Nation mit den «anti-imperialistischen Kämpfern der Dritten Welt» zu identifizieren.

Neben der allgemeinen außerparlamentarischen Opposition haben sich auch die ethno-regionalistischen Gegner des modernen Staates von antikolonialen Freiheitskämpfen inspirieren lassen. Viele Schotten, Korsen, Flamen, Basken und andere fühlten sich von ihrem jeweiligen Nationalstaat durch «inneren Kolonialismus» unterdrückt und beanspruchten demgegenüber das nationale Selbstbestimmungsrecht. Besonders militante Gruppen gingen sogar zu terroristischen Aktionen über.

Nationalismus und demokratischer Selbstbestimmungsanspruch dienten auf einmal nicht mehr der Stärkung der Staatsgewalt, sondern dem Versuch, sie zu untergraben. Man gewinnt den Eindruck, als hätte das säkulare Wachstum der Staatsgewalt durch die Entwicklung zur Nation, zur Demokratie und zum Interventions- und Sozialstaat damals überall seine Obergrenze erreicht, so dass das weitere Vorantreiben dieser drei Entwicklungsprozesse zum Umschlagen in Machtverlust und schließlich zur Desintegration des modernen Staates führen musste.

Denn es gab drittens weltweit eine unübersehbare Tendenz, sich nicht mehr mit Staaten und Nationen zu identifizieren, sondern mit kleineren Einheiten, Gruppen und Bewegungen. Es wurde üblich, sich primär nicht mehr als Franzose, sondern als Elsässer zu definieren, nicht mehr als Mensch, sondern als Frau. Diese für das Schicksal des modernen Staates so bedeutsame Entwicklung wurde als «fundamentalistische Revolution» bezeichnet. Denn bei allen Unterschieden im Einzelnen handelt es sich doch weithin um Bewegungen, die in religiöser oder quasireligiöser Weise Selbstverständlichkeiten wie die bisher üblichen Geschlechterrollen oder eben den modernen Nationalstaat radikal in Frage stellen und den betreffenden Lebensbereich auf ein anderes Fundament stellen wollen.

Während früher neben religiösen Minderheiten und sozialen Randgruppen nur die Arbeiterbewegung ein alternatives Sozialmilieu entwickelt hatte, gibt es heute eine Fülle von Bewegungen, die an der Errichtung einer gruppenspezifischen Gegengesellschaft arbeiten, und dabei häufig erschreckende Intoleranz an den Tag legen. Da gesellschafts- und politikkritisches Bewusstsein in Europa bei hoher materieller Sättigung und Konsumdifferenzierung einsetzt, ist viel Raum für zentrifugale Tendenzen. Hedonismus trifft auf eine vom Sozialstaat produzierte Anspruchsdynamik. Viele Menschen brauchen nicht mehr nach Lebenssicherheit und noch nicht einmal nach Lebensstandard zu streben, sondern können sich auf subjektive Befriedigung in spezifischen Erlebnismilieus konzentrieren.

Entsprechende Bewegungen in weniger entwickelten Ländern lassen aber erkennen, dass es keineswegs nur um die Erlebnisgesellschaft geht. Die Suche nach neuem Lebenssinn reagiert auf den «Diebstahl von Identität» durch ökonomische Konzentration und Globalisierung, durch politische Zentralisierung, durch Verrechtlichung und Bürokratisierung aller Lebensbereiche. Verhinderung basisdemokratischer Selbstbestimmung löst ein Gefühl politischer Deprivation aus, gewiss frustriertes Anspruchsdenken, aber eben nicht von hedonistischen Ansprüchen an den Lebensstil. Man reagiert auf die Fremdbestimmung des Menschen durch anonyme Instanzen, die in Gestalt der Staatsgewalt ein Gesicht bekommt, auch wenn es nur eine Maske sein mag, hinter der sich die wirtschaftlichen Prozesse verbergen können.

Grundsätzlich können immer neue Gruppen auftreten und ihre Ansprüche auf Kosten jener anmelden, die bereits erfolgreich waren. Demokratische und nationale Selbstbestimmungsansprüche haben keine natürlichen Grenzen. Es ist nicht einzusehen, warum z. B. Spanier ein Recht auf nationale Selbstbestimmung haben sollen, Basken aber nicht. So lässt sich die partikularistische Dekonstruktion des modernen Staates bis zu seiner Auflösung fortsetzen. Wenn Legitimation die Innenseite der Souveränität ist, dann bedeutet Delegitimation deren Ende!

Die heutzutage viel berufene so genannte «Zivilgesellschaft», die Gesamtheit aller von Staat und Wirtschaft unabhängigen Vereinigungen, Zusammenkünfte und Medien, in denen Bürger gemeinsam handeln, gilt ursprünglich zu Recht als gesellschaftliche Voraussetzung eines funktionierenden demokratischen Staates. Ihre Veränderung durch die fundamentalistische Revolution hat ihre weitere Entfaltung aber zu einem möglichen Faktor seiner Desintegration werden lassen.

2. Verhandlungsdemokratie und Abbau des Sozialstaates

Demokratische Partizipationsansprüche haben durch Organisation der Bürgerinteressen zur Mutation des Staates zur Interessendemokratie geführt. Politik besteht längst nicht mehr im Durchsetzen der Vorstellungen der jeweiligen Inhaber der Staatsgewalt, sondern im Aushandeln mit Gruppierungen innerhalb der Parteien und vor allem mit gesellschaftlichen Organisationen, die mit jenen verknüpft ein weit reichendes Mitspracherecht für das Staatshandeln und vor allem für den Staatshaushalt besitzen. Arbeitgeber, Arbeitnehmer, Ärzte, Selbständige, Landwirte, Kirchen und andere mehr haben ihre Lobby in und bei den Parlamenten, basteln an Gesetzen und Haushalten mit und sind teilweise mit deren Ausführung befasst. Die Folge ist Verschwinden staatlicher Gestaltungsfähigkeit beziehungsweise deren Reduktion auf Negativkoordination durch eine Art gesellschaftlicher oder marktwirtschaftlicher Selbstorganisation.

Der demokratische Sozialstaat erweckt zwar mit seiner Allzuständigkeit immer noch den Eindruck von Stärke, ist aber im Hinblick auf seinen Handlungsspielraum längst zum schwachen Staat geworden. Er wurde zum Opfer der Anspruchsdynamik der von ihm selbst geschaffenen sozialpolitischen Besitzstände und der Verschuldungsdynamik, die sich daraus ergab, dass seit der ersten Ölpreiskrise in den 1970er Jahren die öffentlichen Mittel für diese Art demokratischer Politik nicht mehr ausreichten. Die jeweiligen Inhaber der Staatsgewalt wollen an der Macht bleiben und müssen deshalb die Gunst der Wähler gewinnen. Die Folge sind Wahlgeschenke oder zumindest eine Politik der Besitzstandswahrung, bei konfligierenden Interessen mehr oder weniger faule Kompromisse ohne Rücksicht auf die Kosten.

Reichen die Steuereinnahmen nicht aus, werden die Ausgaben durch Kreditaufnahme finanziert. Ein wachsender Teil der Staatsausgaben und der Steuereinnahmen wird für den Zinsendienst benötigt. Da inzwischen selbst Zinszahlungen ebenso wie die Ablösung fälliger Verbindlichkeiten über Kredite finanziert werden müssen, steigt die öffentliche Verschuldung immer weiter an («Schuldenfalle»). Die Staatsausgaben liegen in vielen Ländern zum größten Teil von vornherein fest. Der verbleibende geringe Spielraum macht den Gestaltungsanspruch der Exekutive und die Budgethoheit der Legislative zur Farce. Der beliebte Ausweg, die verfassungsmäßige Führung öffentlicher Haushalte durch Schattenhaushalte, vor allem durch Teil- und Scheinprivatisierung zu umgehen, reduziert die öffentliche Kontrolle und gestattet es, geschönte Budgets vorzulegen. Außerdem entfällt für die betroffenen Beschäftigten der in den meisten Ländern privilegierte Status des öffentlichen Dienstes.

Unter diesen Umständen ist der Sozialstaat in seiner hergebrachten Form am Ende und kann nur durch ein System von Minimalversorgung kombiniert mit kapitalgedeckter Eigenleistung ersetzt werden. Dann ließen sich Überschüsse erwirtschaften, mit denen Zinsbelastung und Neuverschuldung gesenkt werden könnten – wenn der interventionsschwache Staat die nötigen Maßnahmen aushandeln kann. Dabei kommt ihm allerdings das Verschwinden des real existierenden Sozialismus zu Hilfe. Denn während des Kalten Krieges wurde der Sozialstaat auch deswegen ausgebaut, um die Arbeiter gegen die Verlockungen aus dem Osten immun zu machen. Inzwischen sind Arbeitnehmerrechte und soziale Sicherung aber nicht mehr Teil des westlichen Verteidigungssystems, sondern bloße Hindernisse auf dem Weg zur Profitmaximierung.

Denn ein wesentliches Prinzip der neoliberalen Marktwirtschaft des entfesselten sozialdarwinistischen Kapitalismus ist die Erwirtschaftung von Renditen in einer Höhe, von der frühere Unternehmer nur träumen konnten. Paradoxerweise gehören die Pensionsfonds für die kapitalgedeckte Alterssicherung zu den härtesten Renditejägern. Dank der Massenarbeitslosigkeit lässt sich die Rendite durch Druck auf die Löhne steigern, wenn nicht zu Massenentlassungen gegriffen wird. Dank der Deregulierungspolitik des ausgehenden 20. Jahrhunderts können Unternehmen auf staatliche Unnachgiebigkeit in der Steuer- und Sozialpolitik mit Investitionen in anderen Ländern reagieren, wo die Wähler weniger anspruchsvoll, die Löhne niedriger, die Gewerkschaften schwächer, die Arbeiter schutzloser, die Umweltvorschriften großzügiger sind. Selbst die Investitionen im eigenen Land werden häufig zum Wegrationalisieren qualifizierter Arbeitsplätze verwendet. Wirtschafts-, finanz- und sozialpolitisch haben Staaten nur noch soviel Spielraum, wie ihnen die *Global Players* der Wirtschaft einräumen. Sie haben ihre Souveränität an den Markt verloren, an den Gott unserer Zeit. Aber auf diesem Markt herrscht nicht der freie Wettbewerb der Wirtschaftslehrbücher; er wird von der Macht internationaler

Großfirmen beherrscht. Außerdem werden bei der Jagd auf das schnelle Geld die finanzielle Stabilität und Integrität beschädigt, die eigentlich eine elementare Ressource kapitalistischer Marktwirtschaften darstellen.

Weniger spektakulär, aber ebenfalls höchst folgenreich verliert der Staat an Ressourcen und Souveränität durch den massenhaften Rückzug der Bürger in die so genannte «Schattenwirtschaft». Sie produzieren und konsumieren auf diesem Markt an sich legale Güter und Dienstleistungen unter Umgehung der staatlichen Regulierung, d. h. vor allem von Steuern und Sozialabgaben, von Arbeitsgesetzen und Verwaltungsvorschriften. Da auf diese Weise dank Wegfallen der Lohnnebenkosten ein billigeres Angebot mit höherem Entgelt gemacht werden kann, trägt die Schattenwirtschaft mehr denn je zum Bruttosozialprodukt bei; Schätzungen für die BRD im Jahr 1980 schwankten zwischen 8% und einem Drittel. Auch wenn die Wirtschaft boomt und der durchschnittliche private Lebensstandard einen Stand erreicht hat wie nie zuvor, gehen dem Staat auf diese Weise ebenso wie durch die Politik der Unternehmer erhebliche Einnahmen verloren. Aber er praktiziert ja mit seinen Schattenhaushalten und Pseudoprivatisierungen seine eigene Art von Schattenwirtschaft. Wegen zu viel Staat sind in Europa ähnliche Erscheinungen zu beobachten wie in den früheren Kolonien wegen zu wenig Staat.

3. Von der Dekolonisation zum Staatszerfall

Die dritte Welle der Dekolonisation 1945–1975 führte in Asien, in Afrika, in der Karibik und im Pazifik zur politischen Unabhängigkeit nahezu aller Kolonien, die sich sämtliche als moderne Nationalstaaten zu konstituieren versuchten, obwohl sie als politische Einheiten einschließlich ihres Namens überwiegend Produkte der Kolonialherrschaft waren. Das gilt in Asien für Britisch-Indien so gut wie für die Philippinen, Indonesien und Malaysia, in Afrika zumindest für alle Länder südlich der Sahara. Auch wo ein historischer Kern vorhanden war wie in Thailand, Kambodscha und Vietnam in Asien, in Ägypten, Äthiopien und Marokko in Afrika, waren die Grenzen dieser Länder ein Ergebnis der Kolonialpolitik. Sogar die Inselstaaten der Karibik und des Pazifik waren kolonial geprägt.

Zwar zerfiel Britisch-Indien umgehend in Indien und Pakistan, das letztere später in Pakistan und Bangladesch, aber überwiegend blieb es bei den kolonialen Grenzen, die von den neuen Staaten mit Zähnen und Klauen verteidigt werden. Das hängt damit zusammen, dass angesichts der weitgehenden Künstlichkeit dieser Gebilde die Staatsbildung häufig der Nationsbildung vorangehen musste. Dabei spielt ganz wie in Europa der Zeitfaktor eine wichtige Rolle. Indien, die Philippinen und Indonesien hatten hundert Jahre oder länger Zeit, sich zu politischen Einheiten zu entwickeln, und ihre Eliten konnten sich lange Zeit mit der Kolonialmacht auseinandersetzen und die eigene Machtübernahme vorbereiten. In Indonesien war sogar eine gemeinsame Nationalsprache mit eigener Literatur entstanden. Demgegenüber hatten die Afrikaner meist nur ein gutes halbes Jahrhundert unter Kolonialherrschaft gelebt und am Schluss nur wenige Jahre Zeit, sich im Umgang mit dem modernen Staat und der Demokratie zu üben. Mit wenigen Ausnahmen blieben sie auf die Sprache der ehemaligen Kolonialmacht als Staatssprache angewiesen, die auch in Indien infolge der Rivalität der großen Sprachgruppen immer noch eine strategische Rolle spielt.

Infolgedessen konnten die westlich geprägten Eliten, die den Staats- und Nationsbildungsprozess betrieben, ihren Staat zwar als modernen Interventions- und Sozialstaat mit Globalplanung von Wirtschaft und Gesellschaft konzipieren, Verfassungen und Gesetzbücher produzieren, die theoretisch zu den besten der Welt gehören. Was sie aber nicht konnten, war, diese Entwürfe wenigstens soweit in Wirklichkeit umzusetzen, wie das in Europa inzwischen üblich ist. Das mag zum Teil an ihren politischen Fehlentscheidungen liegen, zum Teil an fehlenden Ressourcen, denn infolge der kolonialen Grenzziehung gehören vor allem einige Länder Westafrikas zu den ärmsten der Welt. Aber reiche Länder wie Nigeria oder Kongo haben mit denselben Problemen zu kämpfen.

Ausschlaggebend war stattdessen das im Zeitraffer angetretene Erbe einer Kolonialherrschaft mit unterentwickelter Staatlichkeit, das Fehlen der etablierten Selbstverständlichkeit der Institutionen und Funktionen des modernen Staates, die Abwesenheit von entsprechenden festen politischen Verhaltensmustern der Bevölkerungsmehrheit. Wo sich der Anspruch des modernen Staates auf depersonalisierte Herrschaft gegen die traditionellen personalisierten Herrschaftsvorstellungen nicht durchsetzen lässt, wird eine *Politik der Gefräßigkeit* (*politique du ventre*) praktiziert. Eine Staatsklasse aus Politikern, Bürokraten und nicht zuletzt auch Militärs bemächtigt sich des Sozialprodukts, ohne dafür Sicherheit, Gerechtigkeit und Wohlfahrt zu produzieren. Regierbarkeit lässt sich nur mit mikropolitischen Techniken des Familismus und Klientelismus herstellen. Kontrolliert und rechtzeitig eingedämmt haben diese in Europa das Ihrige zum Wachstum des modernen Staates beigetragen. Ob das langfristig auch außerhalb Europas der Fall sein wird? Immerhin gibt es dort durchaus auch Beispiele für die Durchsetzung der Prinzipien moderner Staatlichkeit.

Zwischenzeitlich hat sich allerdings in großen Teilen Afrikas stattdessen eher «Parastaatlichkeit» etabliert, die «Herrschaft der Intermediären», die einen Teil der Souveränität und der Kernaufgaben der Staatsgewalt an sich ziehen. In Westafrika handelt es sich um die so genannten «Nichtregierungsorganisationen» (NGOs) einerseits, die mehr oder weniger traditionalen Häuptlinge andererseits. Da NGOs häufig ausländische Entwicklungshilfeorganisationen sind, bestätigt sich die These, bei derartigen Gemeinwesen handle es sich um bloße «Quasi-Staaten», denen die Mittel fehlen, die Nachfrage ihrer Untertanen nach staatlichen Dienstleistungen zu befriedigen und eine selbständige Außenpolitik zu betreiben. Stattdessen werden sie von der Weltbank und dem Weltwährungsfonds bevormundet und müssen sich gegebenenfalls Interventionen zwischenstaatlicher Organisationen wie UNO, NATO, OAU gefallen lassen.

Allerdings garantiert ihnen die Völkergemeinschaft ihre formelle Unabhängigkeit, obwohl es sich im Grunde um eine neue Art von mehr oder weniger kollektivem Imperialismus der führenden Mächte handelt, eine neue Art von Empire, dem von angelsächsischer Seite durchaus heilsame Wirkungen für die betroffenen Völker und den Weltfrieden zugeschrieben werden. Fehlt es freilich am Interesse der führenden Mächte, können innere Konflikte zur weitgehenden inneren Zersetzung eines formal weiter bestehenden Gemeinwesens führen, zum «Staatszerfall».

4. Internationalisierung und Globalisierung

Vom äußeren Souveränitätsverlust sind auch die meisten der seit langem etablierten Staaten des Westens betroffen, allerdings überwiegend auf vertraglicher Grundlage. Ein Staat wie Deutschland ist heutzutage in zahlreiche internationale Organisationen eingebunden. Zu nennen wären die UNO mit ihren zahlreichen Unterorganisationen und ältere Weltorganisationen für das Verkehrswesen wie z. B. der Weltpostverein. Dazu kommen Wirtschaftsinstitutionen wie der Weltwährungsfond, die Weltbank und das Welthandelsabkommen (GATT), schließlich regionale Organisationen wie der Europarat und Militärbündnisse wie die NATO und die Westeuropäische Union.

Derartige Einrichtungen beruhen in der Regel auf völkerrechtlichen Verträgen, die den Partnern Verpflichtungen auferlegen, nicht zuletzt finanzielle. Satzungen sind zu respektieren wie die UNO-Charta mit der Vorschrift friedlicher Konfliktlösung, Handlungen werden vorgeschrieben wie die Konsultationen im Rahmen der Organisation für Sicherheit und Zusammenarbeit in Europa (OSZE) oder untersagt wie bestimmte Zölle durch das GATT. Theoretisch wird zwar die Souveränität der Mitglieder nicht beeinträchtigt, weil sie die völkerrechtliche Grundlage für Verträge darstellt. In Wirklichkeit wird aber die außenpolitische Beweglichkeit der Staaten gegenüber früher durch die außerordentliche Verdichtung derartiger vertraglicher Bindungen erheblich eingeschränkt. Welcher Staat außer den USA hat heute noch die Möglichkeit zur Kriegserklärung nach Belieben, die einst den Inbegriff von Souveränität ausgemacht hatte? Juristisch mag es zwar kein Mehr oder Weniger an Souveränität geben, politisch hingegen ist das offensichtlich durchaus der Fall.

Aus praktischen Gründen wurde seit 1951 ein europäisches Bündnis- und Vertragsgeflecht geschaffen und ausgebaut, aus dem sich schließlich die europäische Union entwickelt hat. Bereits die 1957 geschaffene Europäische Wirtschaftsgemeinschaft besaß ein gemeinsames Parlament und einen Gerichtshof. Auch wenn vor allem Frankreich unter de Gaulle in den 1960er Jahren, dann das Großbritannien Margaret Thatchers seit 1979 sich immer wieder weiterem Souveränitätsverzicht in den Weg stellten, so machte die Gemeinschaft dennoch Fortschritte. 1975 erhielt sie eigene Einnahmen, seit 1979 wird das Parlament direkt gewählt, ebenfalls 1979 wurde ein europäisches Währungssystem geschaffen, dem 2002 in den meisten Ländern die gemeinsame Währung Euro samt einer gemeinsamen Zentralbank folgte. Mit dem Vertrag von Maastricht 1992 wurde die Gesamtheit der europäischen Beziehungen neu geregelt und ergänzt. Die nunmehr «Europäische Union» genannte Gemeinschaft erhielt jetzt ein gemeinsames Rahmenbürgerrecht. Das daraufhin in Angriff genommene Projekt einer europäischen Verfassung scheiterte zunächst einmal infolge der Ablehnung durch Volksabstimmungen in Frankreich und den Niederlanden im Jahre 2005. Aber die Union ist inzwischen auf 25 Mitglieder angewachsen; weitere Bewerber stehen vor der Tür.

Längst handelt es sich nicht mehr um einen bloßen Staatenbund, freilich auch nicht um einen Bundesstaat, obwohl die Tendenz dazu von Anfang an vorhanden war und keineswegs völlig verschwunden ist. Mit der unabhängig agierenden Kommission und ihrer Bürokratie, mit Parlament und Gerichtshöfen, mit der Befugnis, verbindliche Verordnungen und Richtlinien zu erlassen, mit eigenen Einnahmen und Ausgaben, mit gemeinsamen Außengrenzen und Zöllen, mit einem eigenen Bürgerrecht besitzt die Union durchaus Eigenschaften von Staatlichkeit, die auf Kosten der nationalen Souveränität gehen, obwohl diese grundsätzlich nicht in Frage gestellt wird. Aber die theoretisch mögliche Kündigung der Verträge durch ein Mitglied ist praktisch längst nicht mehr möglich. Stattdessen wird lieber versucht, nach britischem und dänischem Vorbild Privilegien für das eigene Land herauszuschlagen.

Dennoch bleibt die Staatlichkeit der Union fragmentarisch. Die Befugnisse des Parlaments sind begrenzt, und auch gegenüber der Kommission hat der europäische Rat der Staats- und Regierungschefs im Allgemeinen, der jeweiligen Fachminister für deren Zuständigkeitsbereich die Entscheidung. Es handelt sich um ein Bündnis der einzelstaatlichen Exekutiven, das in den einzelnen Ländern selbst nur begrenzt demokratischer Kontrolle unterliegt. Aus diesem Grund und weil die Union von Haus aus ein wirtschaftliches Zweckbündnis ist, besteht ein erhebliches demokratisches und sozialstaatliches Defizit auf Unionsebene. Das dürfte durchaus gewollt sein, denn die politischen Klassen der Mitgliedstaaten wollen unbedingt vermeiden, dass sich wie einst in der Geschichte der europäischen Staatsbildung trotz der Sprachunterschiede aus dem Zusammenleben unter gemeinsamen Institutionen ein souveränes europäisches Volk entwickelt. Nicht Volkssouveränität darf es in Europa geben, sondern allenfalls «Völkersouveränität». Außerdem ist es einfacher, den Sozialstaat einzeln abzubauen als gegen europaweit organisierten und abgesicherten Widerstand.

Als primär wirtschaftspolitisches Zweckbündnis passt die EU ja ausgezeichnet in den Rahmen der ökonomischen Globalisierung des entfesselten sozialdarwinistischen Kapitalismus, die durch gezielte Deregulierungspolitik der USA und ihrer Verbündeten ermöglicht wurde. Zwar spielt sich die oben angesprochene Profitmaximierungsstrategie der Unternehmen zu Lasten des Staates immer noch zum größeren Teil innerhalb Europas ab, aber einschlägige Geschäftsbeziehungen mit dem Hybridkapitalismus Chinas lassen z.B. wenig zu wünschen übrig. Hier dient die Fiktion einer kommunistischen Klassenherrschaft nur noch dazu, die weltweite Entwicklung, dass die Reichen immer reicher, einige von deren Gnaden wohlhabend, die Armen aber immer ärmer werden, besonders wirkungsvoll abzusichern und durch Mobilisierung von Nationalismus davon abzulenken. Außerdem ist die EU neben den USA maßgebend an einer Welthandelspolitik beteiligt, die durch erzwungene Liberalisierung bei gleichzeitigen Subventionen zuhause planmäßig zum Ruin der ärmeren Länder beiträgt.

Sie ist auch an der weltweiten Auseinandersetzung mit den dadurch begünstigten neuen Formen von Gewalt beteiligt, an der Bekämpfung des Terrorismus einerseits, an den nicht selten damit zusammenhängenden *Low Intensity Conflicts,* dem Kriegstyp der Gegenwart und der nächsten Zukunft, andererseits. Oft handelt es sich dabei um begrenzte Konflikte innerhalb eines Landes mit anschließender Intervention von außen. Kriegserklärung und Friedensschluss entfallen; allenfalls kommt es zu Konferenzen der Beteiligten. Vielen Kämpfern fehlt wie den Terroristen der offizielle Kombattantenstatus. Der Schutz der Zivilbevölkerung und die übrigen Regeln zur zivilisierten Einhegung des Krieges werden weniger beachtet denn je.

Allerdings hat die so genannte Völkergemeinschaft auf die völkermörderischen Verbrechen im ehemaligen Jugoslawien und Ruanda im Zusammenspiel mit der UNO durch die Einsetzung von Sondergerichtshöfen reagiert und schließlich 1998 einen ständigen internationalen Strafgerichtshof für Kriegsverbrechen und Verbrechen gegen die Menschlichkeit in Den Haag errichtet. Die vertragliche Schaffung eines internationalen Völkerstrafrechts ist eine neuartige und wegweisende Errungenschaft politischer Globalisierung. Ihre Wirksamkeit wird allerdings dadurch beeinträchtigt, dass die USA und andere Länder ihre Beteiligung an dem Vertrag zurückgezogen haben. Die USA haben ihren Präsidenten sogar ermächtigt, einen möglichen amerikanischen Angeklagten mit militärischer Gewalt zu befreien. Ist die derzeit einzige Weltmacht damit auch als einziger im Vollsinn souveräner Staat übrig geblieben?

5. Hat der Staat noch eine Zukunft?

Der moderne Staat, der sich in vielen hundert Jahren europäischer Geschichte entwickelt und durch die europäische Expansion über die Welt verbreitet hat, hat bereits aufgehört zu existieren. Vor allem das Kriterium von Modernität schlechthin, die einst dem Ancien Régime abgerungene Einheit von Staatsvolk und Staatsgewalt, Staatsgebiet und Staatshoheit (Souveränität) trifft kaum mehr zu. Das staatliche Machtmonopol hat sich zugunsten intermediärer Instanzen und substaatlicher Verbände aufgelöst. Auf der anderen Seite sind die Staaten übernational in einer Weise vernetzt und gebunden, die mit den alten Kategorien eines Völkerrechts zwischen souveränen Staaten nicht mehr angemessen erfasst werden kann.

Staatliche Politik kann infolgedessen nichts mehr kreativ gestalten und keine Probleme mehr lösen, sondern sich nur noch durchwurschteln. Das reale politische Ereignis wird daher vom inszenierten Event abgelöst; statt Sachfragen wird der ästhetische Eindruck von Personen diskutiert. Politik wird zum Zuschauersport, Wahlen laufen auf Applaus hinaus, dessen Stärke gemessen werden soll.

Das will nicht besagen, dass der Staat völlig «absterben» wird, wie es immer wieder von Utopisten behauptet wurde. Er wird in reduzierter Gestalt und in Konkurrenz mit anderen Instanzen weiterleben. Schließlich gibt es überall eine Staatsklasse, deren Existenz davon abhängt. Außerdem finden sich immer noch Regulierungs- und Repressionsfunktionen, für die er gut geeignet ist, auch wenn er das Monopol äußerer und innerer Gewaltanwendung bereits verloren hat, neuerdings sogar im Strafvollzug.

Statt eines zentralisierten Staates scheint sich ein Gemeinwesen mit zahlreichen intermediären Instanzen herauszubilden, ein «neues Mittelalter», dem aber die gemeinsamen Wertvorstellungen des Mittelalters fehlen. Die Gesellschaft als Ganzes hat keinen gemeinsamen Willen mehr und wird nur durch die verbleibende Rest-Staatsmacht oder ökonomische Interessen notdürftig zusammengehalten. Der staatstragende Gemeinwille der demokratischen Identitätsphilosophie hat zugunsten konkurrierender Gruppenidentitäten abgedankt. Die Gruppen aber begegnen sich nur noch auf dem Markt. Es ist allerdings zu bezweifeln, ob Marktmechanismen zur Regelung von Beziehungen zwischen Gruppen ausreichen, denn selbst ein Minimum an Verständigungsbereitschaft ist nicht zum moralischen Nulltarif zu haben.

Weltweit ist wegen des allgemeinen Überangebots an Arbeitskraft unter den Bedingungen eines enthemmten Kapitalismus eine in neuer Weise polarisierte Gesellschaft zu erwarten. Ein Teil der Bevölkerung, der in der jeweils gerade gefragten Weise qualifiziert ist, wird in Reichtum und Luxus leben. Dem Rest bleibt die Wahl zwischen planmäßig ausgeweiteter, ungesicherter Niedriglohnarbeit und Arbeitslosigkeit, vielleicht nicht immer Elend, aber viel Frustration.

Das politische Problem wird binnenstaatlich im Zahlenverhältnis der beiden Gruppen bestehen. Eine Zweidrittelgesellschaft von Reichen und einigermaßen Wohlhabenden hätte die Mehrheit und könnte bei der Demokratie bleiben. In einer Gesellschaft mit zwei Dritteln Armen hingegen würde Demokratie die rücksichtlose Bereicherung gefährden; sie müsste zu einem autoritären Regime oder Schlimmerem übergehen.

Weitsichtige Strategen rüsten bereits für neuartige Konflikte, die der «Planet der Slums» hervorbringen wird. Denn der Ruin der Landwirtschaft der armen Länder veranlasst immer mehr Menschen, in die Slums der Megastädte zu strömen, so dass deren von den Liberalen zunächst erfolgreich beschworenen Selbstheilungskräften, der Besetzung von freiem Boden und der wirtschaftlichen Betätigung auf dem informellen Sektor, das erforderliche Land und die nötigen Marktnischen ausgehen. Den Beherrschern des Globus fehlt es demgegenüber nicht an Repressionstechnologie, doch die Ausgestoßenen haben «die Götter des Chaos auf ihrer Seite» (Mike Davis).

Weiterführende Literatur

Althoff, Gerd, Die Macht der Rituale. Symbolik und Herrschaft im Mittelalter, Darmstadt 2003.

Asch, Ronald G./Dagmar Freist (Hg.), Staatsbildung als kultureller Prozess. Strukturwandel und Legitimation von Herrschaft in der Frühen Neuzeit, Köln 2005.

Blickle, Peter (Hg.), Resistance, Representation, and Community (The Origins of the Modern State in Europe, E), Oxford 1997.

Blockmans, Wim, Geschichte der Macht in Europa, Antwerpen 1997.

Bonney, Richard (Hg.), Economic Systems and State Finance (The Origins of the Modern State in Europe, B), Oxford 1995.

Bonney, Richard (Hg.), The Rise of the Fiscal State in Europe c. 1200–1815, Oxford 1999.

Braddick, Michael, State Formation in Early Modern England, c. 1550–1700, Cambridge 2000.

Brandt, Peter/Martin Kirsch/Arthur Schlegelmilch (Hg.), Handbuch der europäischen Verfassungsgeschichte im 19. Jahrhundert, Bd. 1, Bonn 2006.

Brandt, Peter/Martin Kirsch/Arthur Schlegelmilch (Hg.), Quellen zur europäischen Verfassungsgeschichte im 19. Jahrhundert, Bd. 1: Um 1800, Bonn 2004 (CD-ROM).

Coleman, Janet (Hg.), The Individual in Political Theory and Practice (The Origins of the Modern State in Europe, F), Oxford 1996.

Contamine, Philippe (Hg.), War and Competition between States (The Origins of the Modern State in Europe, A), Oxford 2000.

Cosandey, Fanny/Robert Descimon, L'absolutisme en France. Histoire et historiographie, Paris 2002.

Deutsche Verwaltungsgeschichte, 6 Bde., Stuttgart 1983–1988.

Ellenius, Allan (Hg.), Iconography, Propaganda, and Legitimation (The Origins of the Modern State in Europe, G), Oxford 1998.

Enzyklopädie der Neuzeit, 16 Bde., Stuttgart/Weimar 2005 ff.

Fenske, Hans u. a., Geschichte der politischen Ideen von der Antike bis zur Gegenwart, 5. Aufl., Frankfurt 2003.

Finer, Samuel E., The History of Government from the Earliest Times, 3 Bde., Oxford 1997.

Gallus, Alexander/Eckhard Jesse (Hg.), Staatsformen. Modelle politischer Ordnung von der Antike bis zur Gegenwart, Köln 2004.

Lexikon des Mittelalters, 10 Bde., München/Stuttgart/Weimar 1980–1999.

Padoa-Schioppa, Antonio (Hg.), Legislation and Justice (The Origins of the Modern State in Europe, C), Oxford 1997.

Reinhard, Wolfgang (Hg.), Power Elites and State Building (The Origins of the Modern State in Europe, D), Oxford 1996.

Reinhard, Wolfgang, Kleine Geschichte des Kolonialismus, Stuttgart 1996.

Reinhard, Wolfgang (Hg.), Verstaatlichung der Welt? Europäische Staatsmodelle und außereuropäische Machtprozesse (Schriften des Historischen Kollegs, Kolloquien 47), München 1999.

Reinhard, Wolfgang, Geschichte der Staatsgewalt. Eine vergleichende Verfassungsgeschichte Europas von den Anfängen bis zur Gegenwart, 3. Aufl., München 2002.

Schlichte, Klaus, Der Staat in der Weltgesellschaft. Politische Herrschaft in Asien, Afrika und Lateinamerika, Frankfurt 2005.

Schuppert, Gunnar Folke, Staatswissenschaft, Baden-Baden 2003.

Staatslexikon der Görres-Gesellschaft, 7. Aufl., 8 Bde., Freiburg 1962–1993.

Stollberg-Rilinger, Barbara (Hg.), Vormoderne politische Verfahren (Zeitschrift für Historische Forschung, Beiheft 25), Berlin 2001.

Stollberg-Rilinger, Barbara (Hg.), Was heißt Kulturgeschichte des Politischen? (Zeitschrift für Historische Forschung, Beiheft 35), Berlin 2005.

Stollberg-Rilinger, Barbara (Hg.), Das Heilige Römische Reich Deutscher Nation, München 2006.

Ullmann, Hans-Peter, Der deutsche Steuerstaat. Eine Geschichte der öffentlichen Finanzen vom 18. Jahrhundert bis heute, München 2005.

Wehler, Hans-Ulrich, Nationalismus. Geschichte, Formen, Folgen, 2. Aufl., München 2004.

Personenregister